의학론

의학론

19

이을호 지음 · 다산학연구원 편

간행사

선생이 1998년 88세를 일기로 서세하신 후, 2000년 11월 <이을호 전서> 9책 24권이 출판되었고, 2010년 탄생 100주년을 기념하여 『현암 이을호 연구』가 간행되었다. 그리고 10여 년 사이에 몇 가지 학계의 여망을 수렴해야 할 필요성이 대두되었다. 초간본에서 빠트린 글들을 보완해야 할 필요성이 제기되었고, 현대의 독자들을 감안해서 원문 인용문 등도 쉽게 풀이하는 것이 좋겠다는 요청이 있었다. 그 가운데 가장 중요한 것은 선생의 저술들이 가지는 학술적 가치를 고려할 때 몇몇 주요 저술들을 단행본으로 손쉽게 접할 수 있도록 보완해달라는 것이었다. 이로 인해 <이을호 전서>를 <현암 이을호 전서>로 개명하고, 9책 24권 체제를 각권 27책 체제로 확대 개편하는 수정 증보판을 내놓게 되었다.

일반적으로 선생을 가리켜 다산학 연구의 개척자라 하기도 하고, 현대 한국학의 태두라 하기도 하지만, 이는 그 일면을 지적하는 것일 뿐, 그 깊이와 내용을 올바로 판단한 것은 아니다. 선생의 학술적

탐구가 갖는 다양한 면모와 깊이는 전체적으로 고찰하기가 어렵기 때문이다.

선생의 학문 여정을 돌아볼 때 고보 시절에 이제마(李濟馬, 1838∼1900)의 문인으로부터 『동의수세보원』을 익힘으로써, 인간의 근원에 대한 이해, 곧 그때까지 유행하고 있었던 주자의 성리설(性理說)로부터 고경(古經)의 성명론(性命論)으로 전환하는 계기가 되었다. 또한 경성약전을 졸업하고 중앙의 일간지에 「종합의학 수립의 전제」 등 여러 논설을 게재하고 『동양의학 논문집』 등의 창간을 주도하면서 '동서양 의학의 융합'을 주장하였던 것은 일제하에 허덕이고 있었던 민생을 구하고자 하였던 구세의식의 발로(發露)였다.

27세 때, 민족자강운동을 펴다가 일경에게 체포되어 영어의 몸으로서 『여유당전서』를 탐구하였던 것은 다산이 멸망하는 조선조의 운명을, 새로운 이념으로 광정(匡正)하고자 하였던 그 지혜를 배워서, 선생이 당면하였던 그 시대를 구하고자 한 것이었다. 광복과 함께 학교를 열었던 것은 평소에 꿈꾸었던 국가의 부흥을 교육입국을 통하여 현실에 실현시키고자 함이었다.

학술적으로 첫 업적이라고 할 수 있는 국역 『수은(睡隱) 간양록(看羊錄)』은 우리의 자존심으로서, 일제에 대응하고자 하였던 존엄의식의 발로였다. 마침내 다산의 경학연구로 학문적 토대를 쌓아, 육경사서(六經四書)에 대한 논문과 번역 등 『다산경학사상연구』를 비롯한 많은 저술을 남긴 것은 조선조 500년을 지배한 주자학의 굴레로부터, 학문적 자주성과 개방성으로서 새로운 시대의 올바른 문화를 열고자 하는 열망을 학술적 차원에서 이룬 것이었다.

선생의 학문은 난국의 시대에 국가의 앞날을 우려하여, 우리의 의

식으로서 새로운 사상적 전환을 이룩하고, 한국학의 독자성을 밝혀, 현대문화의 새로운 방향을 제시한 것이라 할 수 있다. 선생의 학문은 깊고 원대한 이상에서 성장해 결실을 맺은 것임을 알 수 있으니, 그 학문세계를 쉽게 말할 수 없다는 소이가 바로 여기에 있다.

선생이 가신 지 어언 15년의 세월이 흘렀음에도 선생의 저술에 대한 기대가 학계에 여전한 것은 오롯이 선생의 가르침과 학술로 거둔 성과다. 문인으로서 한결같이 바라는 것은 선생의 학술이 그 빛을 더하고 남기신 글들이 더욱 널리 퍼지는 것이다. 이 새로운 전집의 간행을 계기로, 선생의 학문이 더욱 널리 알려지고, 그 자체의 독자성이 심도 있게 탐구되어 대한민국의 학술사에서 선생의 위상이 새롭게 정립된다면, 이것이야말로 이 전서의 상재(上梓)에 참여한 문인들의 둘도 없는 소망이다.

2013년 납월(臘月)
문인 오종일 삼가 씀

일러두기

○ 이 책은 저자가 1936년 처음으로 조선일보에 연재하였던 「사
　상의학비판」과 한의학 논문집 『동양의학』 등의 학술지에 발표
　한 글들을 한 책으로 묶은 것이다.

○ 모든 글들은 일관된 체제를 유지하기 위하여 발표연도에 구애
　받지 않고 내용을 중심으로 차례를 정하여 펴낸 것이다.

○ 이 책은 2000년에 간행한 <이을호 전서> 7권에 등재된 것이다.

○ 이 책의 교열 및 교정자는 서영이이다.

현암 이을호 전서

의학론
목 차

5장 현대의학의 고민 _ 149

6장 사상의학의 전망 _ 163

7장 한방약을 원료로 한 신제제일람 _ 173

1장

한방의학의 윤곽

1. 서언

　근래에 속간(俗間)이나 학계에서나 두 개의 대립된 의학이 있으니 이는 누구나 다 잘 아는 한방의학(漢方醫學)과 양방의학(洋方醫學)일 것이다. 의학이란 대국적 입장에서 이 두 의류(醫流)를 혼연융합(渾然融合)하려는 자도 있으나 이는 아직 이상론의 경애(境涯)를 벗어나지 못한 자이니 후일 더욱 검토할 필요가 있는 과제일 것이고 이 구분된 두 의류(醫流)에 암매(闇昧)한 분으로써 더욱 한방의학에 몰이해한 자는 왕왕 한방의술을 속간(俗間)의 유치한 민간요법이나 누고(陋古)한 골동품과 동일시하기도 하며 한약이라 하면 산간벽지서 캐낸 조잡한 초근목피의 대용어(代用語)인 줄로 잘못 여기는 수도 없지 않다. 그러나 민간요법이란 체계가 확립된 학문이 아니라 책임 없는 구전요법에 불과하고 흐트러진 초근목피만을 가리켜 한약이라 할 수는 없다. 적어도 한방의학이라면 사천여재(四千餘載) 이전의 역사적 유래가 있고 체계가 바로잡힌 학문이요 한약이란 물론 그 전부를 현재 사용하지는 않으나 이시진(李時珍, 明人)의 『본초강목(本草綱目)』에 기재된 수효만도 1892종이며 동식광물(動植鑛物) 중에서 그 정예만을 뽑은 것으로써 현대 서양의약과 다른 점은 인공적 화학약품보다도 식물에서 추린 생약적(生藥的) 약재(藥材)가 더 많을 따름이라는 것이다.

동양의학은 그 비조(鼻祖) 신농씨(神農氏) 이후 역대 명의학자(名醫學者)의 손으로 연마되어 천고(千古) 이래 그 엄연한 원류가 지나 조선 일본에 뻗쳐 발달되었고 또 발전과정에 놓여 있다. 탕액(湯液), 즉 금일에 우리가 흔히 말하는 한약을 사용하는 의술이 그 본류라 한다면 탕액(湯液)보다도 일종 물리요법에 가차운 침료법(鍼療法)과 상용식물을 중요시하는 식료법(食療法) 등은 그 아류에 속한다 할 것이다. 약법(藥法)·탕액(湯液)·의류(醫流)에도 고방파(古方派)니 후세파(後世派)니 또 이 두 파의 절충파가 있으며 그다음 최근 반세기의 역사를 가지고 조선에 신흥한 사상의학파(四象醫學派)를 헤일 수가 있을 것이다. 이에 이상의 제파(諸派)와 제의류(諸醫流)를 종합하여 가지고 동양의학, 즉 한방의학 막하(幕下)에 통일할 수 있을 것이니 종으로 그 역사적 윤곽과 횡으로 그 내용을 간단히 살펴 가지고 한방의학의 윤곽 다시 말하면 한방의학의 정의에 비슷한 가벼운 논술을 시험하여 볼까 한다.

2. 동양의약의 원조 신농씨

　지나(支那) 태고 신화 시대의 전설에 의거하면 신농씨(神農氏)는 당대의 일제왕(一帝王)으로써 농경의 법과 의약의 용(用)을 창시했다고 한다. 그러나 이는 후세 사가들의 손으로 기재된 사속(史續)으로 막연한 전설류로 취급되는 편이 많다. "염제 신농씨는 일찍이 여러 약초의 성분을 정하여 요상의 생명을 구하였다[炎帝神農氏 嘗百草以定藥性 救夭傷之命]"는 말과 "신농씨는 일찍이 여러 약초의 좋은 맛으로 백성의 고통을 구제하여 후세의 스승이 되었다. 이로 인해 본초학이 부흥했다[神農 嘗百草之滋味 以拯萬民之疾苦 後世師祖 由是本草之學興焉]"라는 말과 "신농씨는 일찍이 여러 약초를 맛보았으니 하루에 70번 중독되었다[神農 嘗白草之滋味 一日而七十毒]"는 말들은 소송(蘇頌)의 『도경본초(圖經本草)』의 서문(序文)과 『회남자(淮南子)』 등에 기재된 말이라고 한다. 이에 신농씨로 하여금 동양의학과 본초학(本草學)의 시조로 추대케 되는 바이나 신농 등 오제(五帝)가 실재 인물인지의 여부에 대해서는 가벼이 찬부(讚否)를 논할 수 없다. 자못 후세에 전하는 서적이 있으니 『신농본초경(神農本草經)』 3권이 곧 신농을 가탁한 책이다. 이는 물론 신농씨가 친히 집필 저술한 것은 아니니 당시는 문자의 기록이 도무(都無)하였던 것으로 미루어 쉽사리 알 수 있는 일이다.

금일 단행본으로 된 『신농본초경(神農本草經)』은 명나라 만력(萬曆) 6년에 여복(廬復)이란 사람이 증류본초(證類本草)에서 발초(拔抄)한 『신농본초경(神農本草經)』과 청의 가경(嘉慶) 4년에 손성술(孫星術), 손성익(孫星翼) 두 사람이 동집(同輯)한 『교정신농본초경(校定神農本草經)』이라 한다. 이 외에도 사계(斯界)의 전문가들이 여러 가지로 고찰한 문적(文籍)이 많으나 여기에 일일이 복이(復易)할 필요는 없으되 동양의학에 있어서의 신농씨의 존재 의의에 대하여서 선배들의 의견들을 종합하여 두어 줄 적어보기로 한다.

신농씨의 실재 여부는 경단(輕斷)할 수 없으나 이 신화적 전설에 의하여 의약의 발상(發祥)과 근원을 추상(推想)할 수가 있다는 것이다. 태곳적 신농씨란 당시 농경에 종사하든 일족(一族)을 대표하는 씨족이라고 간주하는 이가 많고 이 일족(一族)이 일야자연(日夜自然)과 친밀(親密)하는 그들의 생활에서 약초의 발견과 의술의 암시를 체득한 것이 입으로 전해져서 후인의 기록에 오르게 된 것이 곧 『신농본초경(神農本草經)』이 아닐까. 이는 동양에서의 최초의 약물학서(藥物學書)니 두자(頭字) 신농(神農)의 두 글자는 동양의학의 발상(發祥)을 암시하는 바라 할 것이다.

또 한 가지는 서양의학의 원조(元祖) '히포크라테스'는 거금 2500년 전의 희랍의 철학자인 동시에 의학자이었으니 신농씨 이후 약 2000년 뒤의 인물이었다는 것을 부기(附記)하고자 하며 '히'씨 이전의 애급

황제내경(黃帝內經)에 의방(依倣)하지 않음이 없다 하니 동양의학도로서는 『황제내경(黃帝內經)』, 『소문영추(素問靈樞)』를 펼쳐 그 진의(眞意)에 접하여야 할 것이며 그 논술의 진수를 직관(直觀) 음미하여야 할 줄로 생각한다. 『소문영추(素問靈樞)』는 정히 동양의학의 기초이론의 발상지(發祥地)라 할 것이다. 따라서 황제(皇帝), 기백(岐伯)의 『소문영추(素問靈樞)』가 닦아준 기초이론의 토대 위에 건설된 실제 운용의 임상학의 보전(寶典)으로서 장중경(張仲景)의 『상한잡병론(傷寒雜病論)』이 있으니 다음에 소개코져 하는 바이다.

4. 장중경(張仲景)과 상한론(傷寒論)

　『상한잡병론(傷寒雜病論)』을 찬술(撰述)한 장중경(張仲景, 그의 字)의 이름은 기(機)요 후한시대(後漢時代)의 사람으로 장사(長沙)의 태수(太守)를 지낸 사람이라고 한다. 이분이 지은 『상한론(傷寒論)』은 후한 이전의 의술을 체계 조직화하여 집방편술(集方編述)한 것으로서 신체의 병적 변화에 대한 공칙(公則)과 이에 순응할 의약의 용법 처방을 적은 실제 임상학이다. 원래 상한(傷寒)이란 인체가 어떠한 병독(病毒)의 침해를 입었을 때의 그 병증과 병세의 기전(機轉)을 총칭한 술어이니 속칭 상한(傷寒)을 일종 전염성열병류(傳染性熱病類)로 해석하는 것은 잘못이다. 이 『상한론(傷寒論)』은 만고불역(萬古不易)의 의학성전(醫學聖典)으로 의가(醫家)의 좌우(座右)에 일시도 떠날 수 없는 책이 되어 있는 것은 그 논술한 바가 실제에 있어서 정확하고 병세변화의 기전(機轉)에 비추어 추호의 어김없는 공칙(公則)을 그려내어 실제의술가의 지로(指路)를 명시하여 주었기 때문이다. 동양의학계에 있어서 장중경(張仲景)의 공은 가장 위대한 바가 있으니 후에 동양의학을 가리켜 한방의학(漢方醫學)이라 칭하여 장중경(張仲景)의 난 시대를 기념하게 되었고 그의 대성(大成)의 공을 영세(永世)에 잊지 않기로 하자 함이었다. 한방의학서(漢方醫學書)의 원조(元祖) 장중경(張仲景)과 그의 저서 『상한잡병론(傷寒雜病論)』은 황제(皇帝), 기백(岐伯)의 『소문영추(素問靈樞)』와 아울러 의학계의 빛이요 보전(寶典)이라 할 것이다.

5. 금(金), 원(元), 명(明) 세 시대의 의학과 본초(本草)

한대(漢代) 이후 남북조(南北朝) 수당송(隋唐宋)의 각 시대를 지난 후에 이어 금(金), 원(元), 명(明)의 시대에 이르러서는 비로소 각자의 일가설(一家說)을 제창하는 이들이 있었으니 의학에는 금(金)나라 때에 유하간(劉河間), 장재인(張載人), 이동원(李東垣) 삼씨(三氏)와 원(元)나라 때의 주단계(朱丹溪) 등의 제씨(諸氏)요 본초학(本草學)을 대성(大成)한 이로서는 명(明)시대의 이시진(李時珍)씨가 있다. 이때 이동원(李東垣), 주단계(朱丹溪) 등은 보익양음설(補益養陰說)을 주창하야 그 치료의술(治療醫術)이 온보(溫補)함에 기울여서 소위 자양성약재(滋養性藥材)를 선용(善用)하였고 이 일파를 가리켜 후세방파(後世方派)라 하였으니 이는『상한론(傷寒論)』을 존숭하는 일파를 고방파(古方派)라 함에 상대되는 말이었다. 그러나『상한론(傷寒論)』일파의 고방파(古方派)는 실제로 너무 공격적 치법(治法)에 편경(偏傾)되는 혐의가 없지 않았으니 토하한제(吐下汗劑)의 남용이 곧 고방파(古方派)의 그릇된 편벽(偏僻)이었다. 그러나 의학계의 대세는 불편불의(不偏不倚)의 절충파의 손에서 움직이었을 것이니 명인(明人) 이천(李梴)의 『의학입문(醫學入門)』 19권과 조선의 이조(李朝) 선조(宣祖)와 광해군(光海君) 때의 사람 허준(許浚)의 『동의보감(東醫寶鑑)』 23권 등은 명조(明朝) 이전의 의학을 구비집성(具備集成)한 대표작이라 할 것이다. 본초학(本草學)을 대성(大成)한 분으로서는 상술한 이시진(李時珍) 씨가 있으니 22권의 거대한 저술로 1,800여 종의 의약이 수(水), 화(火), 토(土), 금(金), 석(石), 초(草), 곡(穀), 채(菜), 목(木), 복기(服器), 충(蟲), 린(鱗), 개(介), 금(禽), 수(獸), 인(人)의 16부(部)로 정리되었고 명약(各藥)은 또한 석명(釋名), 집해(集解), 수치(修治), 기미(氣味), 주치(主治), 발명(發明), 부방(附方), 부록 등의 각 항목에 나누어 혹은 고인의 설을 인용하고 자기의 해석을 가하야 상세히 설(說)한 전적이니 이 『본초강목(本草綱目)』은 이씨(李氏)의 평생의 심혈을 기울여 쓴 동양의학계의 혹성(惑星)이라 할 것이다.

6. 이제마(李濟馬)와 사상론(四象論)

　　이조 말엽 그의 26대조(代祖) 고종(高宗) 때에 우리 조선에서 새로운 한 의파(醫派)가 신흥하였으니 이가 곧 사상의파(四象醫派)라 하는 것이다. 이 의학의 창시자는 함흥인(咸興人) 이제마(李濟馬)니 호(號)는 동무(東武)라 한다. 그는 서력(西曆) 1836년(丁酉) 3월 19일에 나서 1900년(庚子) 9월 21일에 돌아간 분으로 사상의학(四象醫學)의 이론과 실제를 약술(略述)한 『동의수세보원(東醫壽世保元)』 4권을 저술하기는 1894년(甲午)이요 이 책은 이제마의 사후 문인들의 손으로 간행되었다. 사상의술(四象醫術)의 특장(特長)은 사람의 체질을 네 가지로 나누어 이를 태양인(太陽人), 소양인(少陽人), 태음인(太陰人), 소음인(少陰人)이라 칭하고 제각금 의리약효(醫理藥效)가 다름을 밝힌 것으로써 이는 그의 독특한 고험(考驗)에 의하여 증명된 학설인 동시에 선인미답(先人未踏)의 신지(新地)를 개척한 바라 할 것이다. 이미 장중경(張仲景)의 상한론(傷寒論)에도 병증을 태양(太陽), 소양(少陽), 양명(陽明), 태음(太陰), 소음(少陰), 궐음(厥陰)의 육증(六症)으로 나눈 바가 있고 기백(岐伯)이 황제(皇帝)에게 답한 말 가운데 "각 장(臟)에 대소(大小), 견취(堅脆)의 부동(不同)과 고하(高下), 단정(端正), 편경(偏傾)의 부제(不齊)함이 있음을 밝힌 바 있고, 또 태음지인(太陰之人), 소음지인(少陰之人), 태양지인(太陽之人), 소양지인(少陽之人)의 성정(性情) 등을 논한 바 있으나 이의 궁리(窮理)가 아직 미숙(未熟)한 때 이제마(李濟馬)는 이를 조직 체계화시켰으니 고인(古人)의 설에서 그의 영자(影子)를 얻어 이를 결실(結實)시킨 것이 곧 사상의학(四象醫學)이라 할 것이다. 이를 현대적으로 표현하자면 인류체질사형설(人類體質四型說)이라고 할 수 있으니 히포크라테스가 인류의 체액(體液)을 나누어 다혈질(多血質), 신경질(神經質), 점액질(粘液質), 담즙질(膽汁質)로 구분한 것과도 비슷하며 1900년에 현대의학상 경이의 발견이라고 하는 '칼랜드쉬타이너' 씨 등에 의하여 확인된 인류혈액사형설(人類血液四型說)과도 방불(彷彿)한 학설이라고 할 수 있다.

이에 여기에는 사상의학(四象醫學)의 내용을 일일이 설명할 짬이 없으니 이를 알고자 하면 이제마(李濟馬)의 친저(親著) 『동의수세보원(東醫壽世保元)』을 참고할 것이며 후인이 이 책자 중에서 발췌한 서(書)가 있으니 『동의사상신편(東醫四象新編)』이란 책자다. 이뿐이랴 선철 이제마(李濟馬) 학설의 진의를 알고자 할진대 이 설의 유래한 경로에 나타난 장중경(張仲景), 기백(岐伯), 허준(許俊) 등 여러 명의(名醫)의 말에도 귀를 기울이고 동양의학 내지 동양철학의 진수(眞髓)에도 촉(觸)하는 바가 있어야 할 것이다.

7. 한방의학(漢方醫學)의 금후(今後)

신농(神農) 황제(皇帝)로부터 금일에 이르기까지 4000여 년 동안 여러 명의(名醫)의 손에서 계발된 동양의학이 시운(時運)의 부득이한 압박에 눌려 잠시 그 세력이 쇠퇴된 것이 사실이다. 이는 누누이 듣고 또 말하는 바이나 이를 일시적 현상으로 보는 오인(吾人)은 쇠퇴의 원인은 여하튼 금후(今後)의 한방의학(漢方醫學)의 운명을 염려하지 않을 수 없으며 장래에 대비할 용의와 노력을 굳건히 쌓고 나아가야만 되지 않을까 생각한다.

서양의학을 광신(狂信)하는 자 한방의학(漢方醫學)을 가리켜 미개(未開) 야만(野蠻) 시대의 조잡한 미신적 학술이라 하고 이를 경홀(輕忽)히 방척(放擲)하여 버리려는 자가 많다. 이러한 관념과 시운(時運)에 반항(反抗)하여야 할 것은 한방의학(漢方醫學)의 진리를 알고 믿는 자의 의무이며 이제 와신상담(臥薪嘗膽)의 시대를 지나 권토중래(捲土重來)의 새 의기(意氣)로써 전선에 나서야 할 때다. 이러한 말은 결코 일개 불운아의 섬어(譫語)가 아니다. 참된 의학의 장래를 위한 순정

(純情)의 발로임을 아는 자 몇이나 될꼬.

그러하나 이러한 감정적 혹은 감상적 언사를 농(弄)할 겨를이 없다. 참된 의학의 재건의 방법을 고구(考究)하기 위하여서는 다시금 냉정해져야 되겠다. 현대 서양의학은 이제 그 전성기를 지난 감이 없지 않으니 그 의학의 가치를 의심하는 자 많고 현대 의학의 본향(本鄕)인 독일 의학계의 새로운 의학사상의 경향은 확실히 생기론적(生氣論的)이라고 한다. 이는 마장화광씨(馬場和光氏)가 그의 『의학개론』 23쪽에 말하기를 "현재 독일의학계의 신사상경향(新思想傾向)은 확실히 생기론적이다. 종래의 해부학적 세포적 형태적 병리학(病理學)에 대해서 기능적 전체적 생리학적 병리학의 운동이 성(盛)해진다 운운"이라 하였고 또 백림대학(伯林大學)에 종합의학(綜合醫學)인 '오메오바지' 의학 강좌가 수많은 반대를 불구하고 대세에 순응하야 최근에 신설하였다는 소식이 있다. 현대 의학 본거지의 대세가 이미 그러하고 일본 내지(內地)에서의 일본 한방(韓方) 의학회(醫學會)의 결성과 조선에 있어서의 최근 한방 의학계의 동향은 오로지가 한방의학(漢方醫學)의 장래를 위한 축복의 재료라 할 것이다. 잠잠하든 그의 보금자리로부터 신의기(新意氣)와 자신을 가지고 신흥(新興)의 세(勢)에 오른 종합의학(綜合醫學)의 정화(精華) 한방의학(漢方醫學)의 금후(今後)의 운명은 점치기에 그다지 어렵지 않으리라. 동방의학(東西醫學)의 비교로 말미암아 그의 가치를 판단할 수 있을 것이요 옛사람이 남겨둔 전적(典籍) 속에서 신미(新味) 있는 새 진로를 배우고 그 진의(眞意)에 감명(感銘)해야 할 것이다. 현대의학은 스스로 한방의학(漢方醫學)에로의 합류를 꾀해야 할 것이니 이는 결코 아전인수(我田引水)의 논(論)이 아니다. 그의 종합적 기능적 의학개념의 신흥(新興)

은 이를 증명하는 바가 아닌가. 한방의학(漢方醫學)의 종합적 사상은 금일(今日)의 일이 아니다. 그의 발상(發祥)은 이미 4000년 이전의 일이요, 오늘의 열매는 종합의학의 본보기가 아닌가. 신인(新人)의 노력과 현대인의 참된 이해를 대망(待望)하는 바 크다. 자연을 정복하려는 현대서양의학의 금후(今後)는 패퇴(敗退)와 힘의 좌절이 있을 뿐이요 자연에 순응하려는 동양의학의 장래에는 오직 빛나는 희망이 있을 것을 오인(吾人)은 믿는 자이다. 왜? 오늘의 의학계의 대세는 이미 종합의학을 요구하기에 이르렀고 동양의학, 즉 한방의학은 종합의학의 정화(精華)요 종합의학의 결정(結晶)이기 때문이다.

8. 결어

　이상과 같이 오인(吾人)는 한방의학(漢方醫學)의 외곽(外廓)을 서론적으로 그려보았고 끝으로 한방의학의 장래에 대한 의견을 비추어 보았으나 이는 미련(未練)한 화공(畵工)이 범을 그리려다가 고양이를 그리고 만 셈이다. 천하의 동기자(同氣者)는 이를 과책(過責)치 말고 자그마한 노력이나마 이를 아껴서 새 의학건설도정(醫學建設途程)에 있어서 한 줌 흙으로 여겨주기를 바라고 한방의학의 윤곽이란 이 소론(小論)의 끝을 맺는다.

2장

의학개념(醫學槪念)에 대한 오인(吾人)의 태도

의학개념(醫學槪念)이라고 하면 생명, 건강, 치료 등과 거기에 따른 여러 가지 개념을 총칭한 말로 그 의학의 내용 성질 등의 전체를 규정하는 기본개념을 이른 말이다. 원래 의학이란 말 가운데 함축된 개념에는 일견(一見) 그를 일관한 통일적 견해가 있음 직하지만 간단히 그렇다 하기 어려운 점이 많다. 단순히 의(醫)의 목적은 어디 있는가 혹은 의(醫)의 본의는 무엇인가 등의 통속적 문제는 이를 개괄적으로 간조(簡粗)하게 처리할 수도 있지만 의(醫)가 하나의 학문으로서 오인(吾人)으로 하여금 문제 삼게 하는 때 금일(今日)의 여러 종류의 의학(醫學) 전부를 유일한 기초 개념 하에 통일 규정하기는 좀 곤란하리라고 생각한다. 예를 들어 말하면 현대 서양의학의 배후에는 그 의학의 전체를 규정하는 본질적 기초개념이 잠재해 있고 동양의학의 기저에는 동양의학의 이론과 실재를 지배하는 기본적 의학개념이 그 안에 복재(伏在)되어 있다는 뜻이다.

혹자는 말하기를 "의학은 오직 하나가 있을 뿐이니 이에 동서의학(東西醫學)을 구분할 필요가 있지 않은가?"라고 한다. 그러나 이는 결국 피상적 관찰로 의학의 역할 혹은 목적은 동일하다는 말이요, 혹 임상의학적 견지에서 동서의약(東西醫藥)과 치료법 등을 구분할 필요가 없다는 뜻으로도 간주할 수가 없는 것은 아니다. 그렇지만 이는 소박한 추상적 견해이지 실상 현재 동양의학의 양개(兩個) 개념은 엄연히 분류되어 있음이 사실인즉 이 두 의류(醫類)의 근저에서 흐르는 본질적 개념을 검토하고 비판하여 시비를 따져볼 필요를 느낀다는 말이다.

얼핏 생각하면 의학(醫學)은 실지 치료적 방면의 연구에 있어서 일층 더 중요한 가치가 있으리라고 생각되나 실재는 이론의 소산이라 함이 정당할진대 의(醫)의 활용과 의적(醫的) 행위를 규정하는 대내적(對內的) 개념문제라고 어찌 등한시하며 이러한 사색적 이론방면의 연구라고 경시할 수 있으랴. 이는 건축가가 건물의 외형과 제구(諸具)만을 중시하고 자기의 기량설계(技量設計) 재료(材料) 등을 경시함과 흡사할지니 기량의 연마, 설계의 완비, 재료에 대한 지식이 없이 어찌 완실(完實)한 건물을 지을 수 있으랴. 의학개념에 대한 연구는 곧 의(醫)와 의술(醫術)의 기본이 되는 본질적 재료 설계기량에 관한 연구라 할 것이다. 즉 의학개념에 대한 논구(論究)는 의적(醫的) 행위의 원류에 대한 소고(溯考)인 동시에 의학의 본체론이요 본질론인 것이다.

만일 금일 우리 의학계에 딴 원류(源流)가 개재(介在)하여 있지 않다고 한다면 이러한 의학의 기본개념 문제는 논구(論究) 평가하기에 그렇게 적절한 필요를 감(感)할 까닭이 없이 일방적으로 고유 의학의 이론적 해설이나 간혹 그의 부분적 문제에 관계된 논구가 있을는지 모르나 그러나 금일(今日)과 같은 양대(兩大) 의류(醫類)가 혼연상충

(渾然相衝)되는 입장에서 대립되는 때에는 이 의학의 기초개념 문제의 중요성도 또한 한층 배가되지 않을 수 없다. 이제 오인(吾人)이 논급하고자 하는 범위는 의학의 파생적 지류에 관한 세목적(細目的) 문제는 잠시 논외로 하고 오로지 그 주류에 관련된 문제만을 가지고 연구코자 하는 것이니 그러면 이 의학의 주류란 어느 것을 가리킨 말인가, 물론 동양의학과 서양의학의 두 원류(源流)를 말함이요. 이러한 분류의 근거에 대하여서는 구체적 설명은 하지 않으나 상식적 분류로 관주(觀做)하면 대오(大悟)는 없을 것이니 점차 의학개념의 몇 항목을 들어서 그 내용에 촉(觸)하며 점론(漸論)하려 한다.

모든 의적(醫的) 행위는 오인(吾人)의 생명의 유지와 발전을 전제로 하고서야 비로소 의의가 생(生)하는 것이라 할 수 있다. 인간의 그 개체로서의 전 활동(全活動)은 어느 의미로 보아서는 자기 생명유지 발전이 그의 목적의 전부라고 말할 수 있거니와 이렇게 광의(廣義)로 생각하면 생명의 문제는 철학, 종교, 도덕, 사회, 경제, 각 방면의 연구대상으로 오직 의학상의 문제만이 아니지만 이에 의학 이외의 문제는 논외로 할 수밖에 없고 이 생명문제에 따른 다른 문제는 곧 건강과 질병에 따른 문제라 하겠다. 다시 말하면 생명을 유지 발전하기에 필요한 조건은 오인(吾人)의 건강이요 건강의 적이 즉 질병일 것이니 이 질병의 퇴치가 보편적 의미로 보아서 의(醫)의 목적이라고 말할 수 있지 않은가. 그러면 의적(醫的) 행위에 따른 개념문제로는 첫째로 생명에 대한 개념과 아울러 건강과 질병의 개념일 것이니 일보 더 나아가서 이에 관련된 허다한 개념을 찾아서 의학개념의 총괄적 기초를 세워야 하지 않을까 생각하는 것이다.

그러면 생명에 관한 구체적 개념은 인체기구(人體機構)의 조직과 그의 동력근원(動力根源)의 총괄적 해석에서 학득(學得)할 수 있을 것이니 이를 가리키는 것이 곧 기초의학이라고 할 수 없을까. 이곳에서 오인(吾人)은 생명의 의학적 기초개념을 얻고 나아가서 병적(病的)과 건강에 관한 개념을 배워서 특정 질병을 치료함에 당하여 오인(吾人)이 행사하는 의적(醫的) 행위의 태도도 스스로 결정될 것이니 일병적(一病的) 개체(個體)에 합당한 각종 치료적 태도는 오로지 각개 의학 그 자체의 기초적, 본질적 의학개념의 영향을 받지 아니치 못하는 소이도 이해하기에 그다지 곤란한 바 아니라 생각한다. 그러므로 일인(一人)의 의술자(醫術者)가 특정 환자를 대할 때 그에 대한 그의 의적(醫的) 행위는 오로지 그가 소지한 의학개념의 지시를 받게 될 것은 의심할 여지가 없는 줄로 안다. 이제 만일 의학개념의 요소 중에 생명, 건강, 질병, 치료 등에 따른 개념들이 각양(各樣)의 입장에서 해석된다고 하면 오인(吾人)은 무엇보다도 먼저 이에 대한 태도를 결정하여야 되지 않을까. 그렇지 않으면 미로에서 방황하는 의계(醫界)의 낭인(浪人)이나 주견(主見) 없는 의인(醫人)됨을 면치 못할 것이니 모름지기 각개 의학개념의 동이를 살펴서 각자의 태도를 결정함이 무엇보다도 긴요하리라고 생각하는 것이다.

의학개념의 중요한 요소 중에서 의적(醫的) 생명관(生命觀)의 개념과 건강과 질병에 관련된 치료적 태도의 개념 등을 중심문제로 하고 오인(吾人)의 힘이 미치는 한 설명을 빚어보기로 하나 이는 실로 거대한 부분에 속하는 문제인 만큼 오인(吾人)의 학습과정에 있어 곳곳에서 산견(散見)할 수 있고 또 봉착(逢着)하는 바라 하더라도 이의 전폭적 해설은 난중난사(難中難事)인 듯하다. 그러나 극히 단적(端的) 해설이나마 시론하여 오인(吾人)의 태도결정에 다소의 도움이 될까 하는 비정(鄙情)이 없지 않다.

먼저 의적(醫的) 생명관(生命觀)의 정체를 이해함에는 그 의학의 인체기구에 대한 설명과 태도를 관찰함에 있다. 이는 기초 의학의 소임으로서 의적(醫的) 행위의 모체인 그 의학의 특색과 그 의학 전폭(全幅)에 호(互)한 기초개념을 여기서 배우게 될 것이니 그러면 동양의학의 의적(醫的) 생명관의 특색을 인체기능의 설명에 있어서 어떻게 이해하게 되는가? 따라서 이러한 설명의 배후에 숨은 사상적 근거까지 한 번 들춰 보지 않을 수 없게 된다. 금일 서양의학의 생활현상에 대한 기초개념은 기계론적 견해에 입각하여 있다. 원래 태서의학(泰西醫學)의 생명론에 있어서도 두 가지 상반된 견해가 있으니 생기론(生氣論)과 기계론(機械論)이 곧 그것이다. 이는 태서의학사상(泰西醫學史上) 논제(論題)의 중심 과제로 1승1패의 백중(伯仲)하는 세력이었으나 이전 19세기 이래 자연과학의 진보는 각 방면에 심각한 영향을 주어 의학에도 금일에는 자연과학적 기계론적 생명관이 절대적 우세를 점하게 되었다. 따라서 생기론적(生氣論的) 생명관은 비과학적 명목 하에 돌보지 않게 된 셈이다.

의적(醫的) 생명론(生命論)에 있어서 기계설(機械說)과 생기설(生氣說)은 엄밀히 따져 보면 두 개의 극단론임을 알 수 있다. 인체기구의 기계설의 특징은 생물이나 무생물을 막론하고 다 동일한 자연과학적 법칙으로 설명하려 하는 데 있으나 무생물계에서 볼 수 없는 인체기구의 미묘한 통일적 생리작용의 전반을 물리화학적 규범 하에 넣어서 설명 해석하려 하는 곳에 이 기계론적 생명관의 무리가 있고 결함이 있다고 할 수 있다. 다시 말하면 인체의 생활현상은 일종 엄격한 의미에 있어서 규율 있는 기계론적 통일적 현상인 동시에 독특한 무생물계에서 볼 수 없는 특징을 갖고 있기 때문이다. 인체기구의 생활현상을 오로지 자연과학적 범주에 넣어서 실명할 수 있으리라는 기계론적 신념은 일면 현대 생리학자들의 과학의 힘을 과신한 데서 생긴 착오이니 이는 과학을 위한 과학적 편견이라 하지 않을 수 없다. 물론 의학의 중점은 실제 치료적 효과에 있는 만큼 의학의 자연과학적 거대한 지식이 임상적으로 얼마나 가치가 있는가를 조사해 보면 알겠거니와 생리학자가 생리학을 위한 노력에는 경의를 표함이 가하나 이 자연과학적 생리학이 치료의학의 기초로써 응용될 때에 있어서는 그 가치를 엄밀히 평가 비판하지 않을 수 없는 것이다. 그런고로 금일의 소위 과학적 생리학은 인체를 기계시(機械視)한 만큼 실제에 있어서는 대부분의 모순과 착오가 있으니 어떤 다른 생명관을 이해하기 위한 예비지식 혹은 주석적(註釋的) 지식으로써는 필요를 느끼나 한 측면의 완전한 생명관으로써 신빙하기에는 너무도 불완전한 동시에 한편 학구적 위구(危懼)까지도 느끼지 않을 수 없다는 것이다. 가장 진보된 최고 의학으로 자처하는 이 자연과학적 기계론적 생명관도 오인(吾人)으로 하여금 그다지 적절한 동의를 하기 어려운 데는 유감이나 인체기구는 사실상 생기론적임을 어찌하랴. 기계론적 생기관념에 입각한 현대생리학은 별개의 입장에서 그로써 독특한 의의가 없지는 않다. 인체의 생활기구를 정적(靜的)으로 설명코자 할 때에 필요하며 인체조직의 구성재료에 대한 사실적 지식을 구하고자 함에는 다소 이러한 기계적 해부에 의한 지식의 필요를 느끼지 않는 바가 아니다. 그렇다고 이렇게 세밀하고 분석적인 지식의 총합으로서 오인(吾人)의 생명이해의 기초를 삼고자 함은 좀 무모한 욕심이 아닐까.

생명의 기계설은 유물론적 일원론이며 따라서 감각론적이다. 우리의 감각적 실견(實見)만을 과대평가한 데서 나온 편협된 견해이니 이에 대한 불만을 오인(吾人)은 말하는 것이다. 물론 자연과학적 인과율과 연구방법에 의거한 이 생명관은 그 자체가 생명의 물질화 내지 순수 기계화함에는 성공하였으나 자연에 대한 역행적 해부 방법에 의한 피등(彼等)의 생명관으로서는 아직까지도 생명의 정체(正體)는 수수께끼 그대로 남아 있으며 그들은 자기네의 연구적 방법과 태도를 과신한 나머지 금일은 불완전해도 후일의 완성을 기다린다 하니 이는 일종의 핑계요 회피적 태도에 불과하지 않은가. 수단과 방법을 과신하고 실제를 경시하는 곳에 후일 논자의 잘못이 있으니 기계적 생명관의 현실적 궁상(窮狀)을 모면키 위하여 그 책임을 후인 동료에게 의뢰(依賴)하는 태도에는 피등(彼等)의 학구적 양심까지라도 우리로 하여금 저울대질하게 만드는 소이가 되게 한다. 이 금일의 불완전한 생명관에 입각한 모든 의적(醫的) 개념을 가지고 어째서 완전한 의적(醫的) 행위를 감행할 수 있을까. 이 점에 대하여 오인(吾人)은 다대(多大)한 의념(疑念)을 포회(抱懷)치 않을 수 없으니 이에 생명의 순수 기계설(機械説) 이외에 또 다른 생기설(生氣説)을 검토하고 더 나아가서 의적(醫的) 생명관(生命觀)의 실체(實體)를 연구하여 보기로 한다.

서양의학사상에 나타난 생기설(生氣説)는 자연과학적 생명관의 세력에 압도되어 있는 것이 금일의 실정이다. 생기론적(生氣論的) 생명관(生命觀)의 특징은 생물과 무생물과를 구별함에 있어서 생물에는 생명력(生命力)이라는 특질을 부여하여 생활현상의 미묘한 작용을 이해하려 함에 있다. 따라서 생기설(生氣説)는 관념론적 요소를 다분히 포함하였고 따라서 무생물에다 생명력이란 동적(動的) 활력(活力)을 부가(附加)한 점으로 보아서 이원론적 생명관이라고도 해석할 수 있다.

이 생기설(生氣說)에 있어서 생명력(生命力) 혹은 생기력(生氣力)이란 신비적 불가사의(不可思議)의 활력(活力)을 가정하여 오인(吾人)의 생명현상을 설명하려고 한 태도에 대하여서는 원칙상 동감의 뜻을 표(表)함 직하지만 좀 더 심각하게 음미하여 보면 이 역시 완전한 일개 생명관으로 시인 포용하기 어려운 점이 많다. 조리정연(條理整然)한 인체기구(人體機構)를 성급히 기계화하려는 태도는 없다고 하더라도 생기력(生氣力)이라는 별개의 요소를 가상(假想)하여 인체기구해명(人體機構解明)에 이용하려는 의도와 생기력(生氣力)을 일종 신비화시켜 가지고 불가사의(不可思議)의 지도적(指導的) 일개(一介) 활력(活力)으로 가상(假想)한 점은 인체기구(人體機構)를 해명함에 모호 불분명하며 심오한 현상에 대한 회피감(回避感)을 자아내게 하는 느낌이 있다. 물론 기계설의 설명이 미치지 못하는 영역까지라도 능히 설명할 수 있을는지 모르지만 미묘한 생명현상을 비실재론적(非實在論的) 활력(活力)의 힘을 빌려다가 당면(當面)을 도호(塗糊)할 수는 없을 것이다. 기계론적 생명관에 있어서 그의 물리화학적 연구가 진보하면 진보할수록 생명의 개념은 점점 분산되는 반면에 이 생기론적(生氣論的) 생명관(生命觀)에 있어서는 우리의 개념이 이 활력적(活力的) 요소에 집중되면 집중될수록 인체기구의 조직(組織) 정연(整然)한 통일작용의 활동은 점점 미궁으로 들어가게 됨을 느끼지 않을 수 없다. 그러므로 이 생기설(生氣說)의 결점이라고 할 만한 것은 인체의 활동근원을 인체 이외의 딴 곳에다가 한 개의 생기력(生氣力)이란 개념을 가정(假定)시킨 점과 생명의 조직에 대한 무지를 일종 불가사의화(不

可思議化) 내지 신비화시키려는 점에 있다고 말할 수가 있다. 따라서 이 생기설(生氣說) 역시 일개(一介) 독립된 생명관으로는 취득(取得)키 난(難)한 점이 많으니 태서의학계(泰西醫學界)에서 출몰(出沒)된 이 생기론적(生氣論的) 생명관(生命觀)은 그 자체 내에 이미 그만 한 결점이 내포되어 있었던 것이다. 따라서 오인(吾人)는 태서의학상(泰西醫學上)의 기계설 내지 생기설을 단적으로 비판하였거니와 그 결론인즉 생명관으로서는 둘 다 내용 불충분한 극단론이라 함에 있다. 자연과학적 생명관에 있어서 인체의 자극 흥분 신진대사 혈액순환 등의 개념이 분산적(分散的)임에 감(鑑)하여 생기론적 생명관에 있어서는 생기력(生氣力)에 집중된 인체개념의 그 자체가 암매(闇昧)하다. 그러나 오인(吾人)는 인체기구는 어디까지든지 기계적이며 동시에 생기론적임을 느끼는 자이다. 그뿐 아니라 동양의학에서의 생기론을 구체적으로 해술(解述)하여서 의적(醫的) 생명관의 활로개척에 일조(一助)가 될까 하는 것이니 그러므로 이하(以下)에 논술코자 하는 생명론은 생기론적(生氣論的) 기계관(機械觀)이라 하고 싶다. 왜 그러냐 하면 이는 순수 기계론적이 아니요 또한 순수 생기론적이 아니라 이 양개설(兩個說)에 초연(超然)한 독특한 생명관이기 때문이다. 모름지기 의적(醫的) 생명관의 본체는 어떻게 천명되어야 할 것인가.

동양의학적 생명관의 내용은 그 인체생리(人體生理)의 개념에서 찾아 알 수가 있다. 그들이 설명한 인체기구(人體機構)의 개념의 배후에는 또한 동양적 사상의 근거가 없을 수 없으니 철학, 정치, 도덕, 의학 등 모든 문화계열(文化系列)에 심각한 영향을 끼친 음양오행설(陰陽五行說)이 곧 동양적 특색이 있는 개념적 구상이다. 이에 음양오행설(陰陽五行說)이 의도(醫道)에 끼친바 직접·간접의 관계와 내용에 대하여서는 간단히 일언(一言)으로 말할 수 없으나 오직 이 설에 근거를 둔 동양의학적 생명론의 특징 몇을 추려서 이야기해 보고자 한다.

첫째, 조리정연(條理整然)한 인체생리(人體生理)의 근본 원리를 우주의 근본 원리에 비추어 본 점이니 즉 인체를 소우주라 한다. 이는 얼핏 생각할 때 자연계의 모-든 법칙을 인체생리(人體生理)에 응용하려드는 현대 의학적 태도와 다른 것이 없는 것 같으나 그 내용에 있어서 빙탄불용(氷炭不容)의 차(差)가 있으니 전자는 자연현상 그대로에 순응하는 태도로 관찰하였고 후자는 자연을 해부하고 분석하고 정복하는 태도로써 대하는 자이기 때문이다. 일개의 심장도 이를 해부(解剖) 적출(摘出)되었을 때는 벌써 이는 심장(心臟)이 아니라 일개의 육괴(肉塊)에 불과하다. 이는 사멸(死滅)된 심장의 형태를 가진 잔해(殘骸)이다. 심장의 진면목은 우리의 흉격(胸膈) 내에서 고동(鼓動)을 계속할 때에만 찾아볼 수 있을 것이니 항상 모든 장기(臟器)를 전체의 활동권내(活動圈內)의 일분자(一分子)로서만 설명하고 이해하려 함이 곧 동양의학적 태도라 할 것이다. 이는 인체기구(人體機構)에 대한 근본적 태도이며 따라서 이 태도에는 사(死)의 개념은 소호(少毫)도 없이 오직 생동(生動)하는 생명의 근저(根底)에 촉한 개념만이 있을 뿐이다.

둘째, 전체와 부분에 대한 설명으로써 각개부분(各個部分)의 유리(遊離) 독립(獨立)을 불허(不許)하는 태도이다. 이는 오행설(五行說) 상생상극(相生相克) 두 법칙의 응용이니 상호(相互) 연대(連帶) 관련(關聯)된 통일적 활동체(活動體)로 관주(觀做)하는 점이다. 이에 생명을 실은 인체기구는 우주를 영합(迎合)하고 자연에 순응하는 생동체(生動體)인 동시에 그 자체가 이 관련적(關聯的) 법칙하에서 약동하는 활력

적(活力的) 생명의 유일적(唯一的) 지속체인 것이다. 부분은 각기(各己)
가 전체의 통일을 위한 부분인 동시에 상호(相互) 인(因)이 되고 과
(果)가 되어 전체의 규율에 참여하는 것이니 특정한 활력소(活動素)나
자극제(刺戟劑)의 지배하(支配下)에서 생명의 약동이 생(生)하는 것이
아니라 전체가 한 개의 활력소(活力素)인 동시에 자극소(刺戟素)이며
일사불란(一絲不亂)하는 세력권(勢力圈)으로 관주(觀做)하는 것이다.
여기에 동양의학적 생명관의 탁월한 점의 하나가 있다고 하지 않을
수 없다.

셋째, 동양의학적 생명관의 생기론적(生氣論的) 기계관(機械觀)의
태도에는 정적(靜的) 개념이 개무(皆無)한 까닭에 인체기구를 구성한
모든 분자들의 총합체(總合體)가 우리의 육체가 아니라 호흡(呼吸),
혈행(血行), 소화(消化), 배설(排泄), 감각(感覺) 등 모든 기능이 혹신혹
축(或伸或縮)하며 자유자재(自由自在)한 일견(一見) 무규율적(無規律的)
활동 그 가운데 절대(絶對) 부동(不動)하는 철칙하(鐵則下)에서 생명의
활동은 진행한다는 것이다. 생명의 기능은 직감적(直感的) 일개(一個)
활동력(活動力)의 세력권(勢力圈)이며 외계에 순응하는 가변체(可變體)
인 동시에 내부세력(內部勢力)의 발동체(發動體)라 한다. 따라서 정반
(正反)의 균형체(均衡體)이니 이를 음양(陰陽)의 균세(均勢)라 할 수 있
으며 오행오기(五行五氣)의 규율(規律) 있는 배치로써 오인(吾人)은 생
명의 무한한 발전성과 그 자체의 유지 능력을 알 수 있으니 이는 가
변적(可變的) 생기론적(生氣論的)인 동시에 규율정연(規律整然)한 기계
론적(機械論的)인 것이 인체기구생리(人體機構生理)의 특징인 것이다.
그러므로 오인(吾人)은 일견(一見) 추상적 관념론적인 인체생리(人體
生理)의 심오한 중(中)에서 가장 규율적(規律的)인 생명의 관념을 습득

하기에 노력하지 않으면 안 될 것이다.

　이상의 특장(特長) 이외에도 여러 가지로 논구(論究)할 여지가 많으
나 대략 이 정도로 약(略)하고 기계론적 생명관과 동양의학적 생명관
에서 유래된 기타 개념에 관하여 간략히 언급하여 결론을 얻고자 한
다. 생명의 기계론적 견해에 입각한 건강 질병치료에 관한 태도와
개념은 국부적(局部的)이요 외력적(外力的)이요 분산적(分散的)인 것
등이다. 예를 들어 말하면 병의 원인을 세균이란 미생물의 침입에
대한 불가항력적(不可抗力的) 패퇴(敗退)의 현상으로 봄으로 그 치료
적 태도에 있어서 외력적(外力的) 세균의 제거 박멸에다 노력을 집중
케 하는 것이니 세균이 의적(醫的) 행위의 대상으로 된 것이다. 약제
(藥劑)의 선택이나 섭생(攝生)의 지도가 오로지 이러한 외력적(外力的)
세균에 집중되는 만큼 인체 내(人體內)의 자연력(自然力)에 대한 개념
은 점차로 희섬(稀纖)하여지지 않을 수 없다. 세균에 향한 의적(醫的)
행위의 총공세적(總攻勢的) 태도도 그 결과에 있어서 왕왕 인체기구
의 순조로운 질서까지 파괴시키게 되는 것이니 기계론적 생명론들
로서는 부득이한 소치(所致)가 아닐까. 또한 인체로 하여금 세균과
약물(藥物)의 전투장으로 관주(觀做)하는 감(感)이 없지 않으니 분산적
(分散的)인 생명관에 기초를 둔 세균학적(細菌學的) 병원론(病原論)으
로서는 편협, 우열, 과격, 만용적 의적(醫的) 행위를 감행치 못하게
되는 것이다.
　또 현대의학의 의적(醫的) 행위에 있어서 해부도(解剖刀)의 남용은
그 의적(醫的) 개념의 국부적(局部的)인 것과 인체생리(人體生理)에 대
한 심오한 이해의 결여에 그 원인이 있다 하지 않을 수 없다. 치료개

념(治療槪念)에는 완전(完全), 순조(順調), 회복(回復) 등의 의미가 있으니 만일 불완전 난조(亂調)가 치료적 결과라 하면 이는 치료개념의 완실(完實)을 기할 수 없지 않은가. 해부도(解剖刀)의 남용으로 말미암은 치료적(治療的) 결과에 왕왕(往往) 불구(不具), 불완전(不完全) 등의 개념적(槪念的) 잔류(殘留)를 생(生)케 하는 경우가 있는 것은 실로 의(醫)의 진면목에 역행하는 결과라 하지 않을 수 없다. 기계론적 생명론에 입각한 현대의학으로써 심려(深慮)를 요(要)할 점인가 한다. 의(醫)의 목적은 질병을 퇴치함에 있어서 그 병적(病的) 현상(現象)을 완전 정상 회복케 함에 있다 하지 않을 수 없다. 이에 대하여 "국부적(局部的) 불구(不具)를 인(認)하나 전체의 생명을 구하면 그만이 아닌가"라고 해부도(解剖刀) 애용자(愛用者)는 말할는지 모르나 이는 자기능력으로써는 국부적(局部的) 완전까지도 겸하여 구하지 못하겠다는 자백(自白)이라고 할 수 있다. 명실공히 완전한 결과를 초래하지 못하는 의적(醫的) 능력(能力)을 가상(可傷)히 생각지 않을 수 없다.

기계론자들의 거개(擧皆)가 '파스퇴르 종파(宗派)'로 건강은 무보균상태(無保菌狀態)를 지칭하게끔 되었으니 이 개념은 진정한 건강의 개념과 얼마나 상거(相距)가 먼 국부적(局部的) 견해라 하겠는가. 병과 세균과가 전연 관계없는 것은 아니라고 하더라도 병의 원인으로써 세균을 절대적 조건과 같이 여기는 관념은 왕왕 세균에 대한 공구심(恐懼心)을 파생(派生)케 하며 아울러 의적(醫的) 행위의 전폭(全幅)을 세균공세(細菌攻勢)에 향(向)케 하니 그 때문에 인체기구(人體機構)의 자연성(自然性)은 유린(蹂躪)을 당(當)하게 되어 버린다. 세균은 특정 질병에 대한 진단학적(診斷學的) 일개(一個) 증후(症候)임에 불과하니 세균 유무를 그렇게도 중대시(重大視)할 까닭 없는 것은 오인(吾

人)은 늘 실현(實見)하는 바이다. 세균을 중심(中心) 삼은 외력적(外力的) 조건이 건강과 질병의 경계표(境界標)가 되어 있는 현대의학적 치료는 오로지 국부적(局部的) 병소(病巢)의 할거(割去)라거나 살균제(殺菌劑)의 남용 등으로 인하여 인체기구의 자연성(自然性)의 무시와 인체 생리작용의 통일성을 난조(亂調)에 이끌어 넣은 결과를 생(生)하게 하지 않은가. 좀 더 완전한 의적(醫的) 행위(行爲)를 위하여 오인(吾人)은 위급(危急)한 할거(割去)와 마취(痲醉) 살균제(殺菌劑)의 남용을 삼가고 나아가서 인체기구 생리(生理)의 자율성(自律性)을 좀 더 존중하는 태도를 가져야 하지 않을까.

치료는 인체기구의 병적 상태를 그의 유지발전에 필요한 건강상태로 완전히 회복시키는 수단과 방법에 의거하지 않으면 안 된다. 병소(病巢)의 제거와 세균의 박멸에 치료의 목적이 있는 것이 아니라 병적 상태를 원만 해소시킴이 그의 목적이 아닐까. 전체의 생명을 위한 국부(局部)의 희생은 만불득이(萬不得己)한 최후 수단임에 틀림이 없지 않은가. 이를 상투수단(常套手段)으로써 행사함은 본말을 전도한 의적(醫的) 행위(行爲)라 할 수 있으니 치료의 본의(本義)에 어그러지는 바 크다 하지 않을 수 없다.

생명기능(生命機能)의 전체성을 존중하며 생명체의 자율성과 자연적 기능을 이용하여 치료에 임하여야만 되지 않을까. 생기론적(生氣論的) 기계관(機械觀)에 입각한 동양의학적 의적(醫的) 행위는 인체생리(人體生理)의 기능을 존중함에 그 중점이 있으니 인체생리(人體生理)의 난율(亂律)과 산조(散調)에 흐른 것이 곧 동양의학의 병적 개념의 전모(全貌)이다. 그 원인이 외력적(外力的)이거나 내부운행(內部運行)에 있거나를 불문하고 그의 치료적 태도는 전체로써의 균형과 원상대로의 회복에 있으며 일보를 더 나아가서 생명(生命) 유지 발전에 필요한 내재적 활동력의 부여까지도 치료적 개념 중에 함축되어 있다는 것이다. 병근(病根)의 소생처(所生處)가 두흉복(頭胸腹) 기타 어느 부분이라 할지라도 이의 부분적 독립을 불허하는 한 전체개념의 일부로써만 인식될 뿐이다. 그의 치료적(治療的) 태도에 있어서 화한토하법(和汗吐下法) 중 어느 방법을 취하든지 전체기능의 총력(總力)을 집중시키고 병적(病的) 개체(個體)를 완전상태로 회복시키려는 곳에 그의 의적(醫的) 행위(行爲)의 정신이 있다. 그런고로 동양의학적 의적(醫的) 행위(行爲)는 국소적(局所的) 행위가 아니라 생명의 통일개념의 배후에서 움직이는 전체성(全體性)과 완전성(完全性)의 개념성(槪念性)의 개념적 영향을 종시(終始) 수(受)하고 있으며 치료방법의 선택에 있어서도 여사(如斯)한 기초개념의 지시에 따라 좌우되지 않을 수 없다 함이다.

이에 오인(吾人)의 포회(抱懷)한 의학개념은 점차로 동양의학적 기초개념에 접근하여짐을 느낀다. 의학개념에 대한 오인(吾人)의 태도는 동양의학적 생명관에 입각한 의학개념에 그 기초를 둔 후 이의 본질적 구체적 해설을 요구하게 될 줄로 안다. 이상의 논술은 극히 단적(端的) 평론(評論)임에 불과하니 다시금 구체적 개념의 설명을 요구하는 것이 당연하리니 인체기구(人體機構) 생리(生理)에 대한 종합적 설명과 그에 따른 건강 질병 치료의 개념과 내용은 차후에 기회있는 대로 서서히 논술하며 연구코자 하는 바이니 모름지기 강호제현(江湖諸賢)이여 늘 교시(敎示)와 흘정(吃正)을 아끼지 말아달라. 차(此) 소론(小論)에 대하여서도 심각하고 용서 없는 비판을 하여 두기를 바라며 각필(擱筆)하노라.

3장

종합의학수립의 전제

― 한방의학부흥론에 대하여

1. 서론

　현하(現下) 우리 의학계에 있어서 동양의학, 즉 한방의학의 부흥운동의 문제는 결코 가벼운 문제가 아니다. 여러 가지 방면으로 보아서 실로 중대한 의의를 내포하고 있다고 할 수 있다. 직접 도규계(刀圭界)에 종사하는 의학자는 물론이거니와 일반 사회인으로서도 한번은 음미하여 볼 필요가 있다.

　따라서 동양의학 부흥을 제의하는 분이든지 이 문제를 비판하는 분이든지 또는 동양의학을 종합하여 새로운 의학수립을 건의하는 분이든지 하자(何者)를 막론하고 실로 신중히 논의하여야 할 것이니 한방의학(漢方醫學) 부흥문제 그 자체가 매우 광활한 부문에 속한 까닭도 되겠지만 의학계의 근본적 개혁이라는 중대성을 갖추고 있기 때문에 따라서 동양의학의 부흥은 서양의학의 비판으로부터 시작하여 그의 무능이라거나 결함을 알게 된다면 그 지반(地盤)을 동요시키는 동인(動因)이 될 것이며 다음으로 문제는 신흥 동양의학의 연구발표가 되어야 할 것이니 이 어찌 용이(容易)하게 부르짖을 수 있으랴.

동양의학 부흥론자는 모름지기 자기충실의 실력을 길러 실력으로써 부흥을 꾀하여야 할 것도 생각하여야 한다. 아울러 한방의학(漢方醫學)의 부흥은 오인(吾人)의 일상생활에도 중대한 의의와 관계가 있으며 학술적으로 중요한 가치가 있음을 인정한다면 이 문제는 금일의 문제가 되지 않을 수 없다. 동양의학 문제는 실로 급무중(急務中)의 하나라고 볼 수밖에 없을 것이다.

근자(近者) 시국의 영향을 입어 약품과 약재의 구입에 이상(異狀)이 있는 것은 사실이다. 이에 한약초(漢藥草) 재배의 기운이 동(動)하고 있으나 이것은 당국의 농촌정책과도 관련되어 있는 만큼 진실한 한방의학 부흥운동과는 별개로 취급함이 타당할 줄로 안다. 다시 말하면 이런 기운(機運)에 휩쓸려 일종 기분적 호기심을 가질 것이 아니라 진실한 학구적 호기심을 가지고 외계현상은 여하간(如何間)에 한방의학(漢方醫學)을 연구하여야 한다는 말이다. 이러한 학도(學徒)의 배출을 기하여 한방의학부흥운동은 양성(養成)될 것이다. 결코 일조(一朝)에 가볍게 될 문제가 아니다.

한방의학(漢方醫學) 부흥운동(復興運動)의 목적은 고전적 동양의학에로 돌아가자는 데 있다고 말할 수 있다. 이 말 가운데에는 은연중 현대 서양의학에는 기대와 신빙(信憑)할 점이 적다고 보는 것이니 만일 서양의학이 완전하다면 구태여 동양의학을 부흥시킬 까닭이 어디 있는가. 그러나 여러 가지 점으로 보아서 현대 서양의학의 불완전한 것을 잘 알고 있는 동시에 동양의학의 내포된 수다(數多)한 가치도 잘 아는 바이다. 따라서 이 한방의학을 연구함으로 말미암아 일반 의학계에 비익(裨益)이 많을 것을 신(信)하는 곳에 한방의학 부흥의 소리가 나오게 된 것이다. 실로 당연한 소치이다.

그러나 한방의학의 부흥이 고전적(古典的) 의학(醫學)의 복사(複寫)라거나 모방이어서는 안 된다. 그 정신을 음미하는 곳에 진실한 부흥이 있을 것이니 중세기 서양사상의 문예부흥이 결코 고대 희랍문화의 복사가 아니었던 것과 같다. 동양의학은 서양의학에 비하여 특이성이 있다. 이 근본적 특이성이 있다는 데 동양의학 부흥의 의의가 있다. 그러므로 이 특이성의 연구가 곧 동양의학의 원칙적 연구가 되지 않을까. 그렇기 때문에 만일 이 동양의학의 특이성을 무시한 한방의학의 연구나 부흥론자가 있다고 하면 그것은 서양의학과의 부자연(不自然)한 야합에 불과할 것이다. 그런고로 동양의학 부흥론자는 물론 현재 서양의학을 전공하신 학자나 학도들은 먼저 이 특이성을 능히 포용할 아량을 가져야 할 것이다. 이러한 아량을 가지고 동서 양의학(兩醫學)을 연구 비교하며 총관(總觀)하는 곳에 비로소 새 의학의 출발이 시작될 것이다.

신흥(新興) 의학(醫學)의 정체(正體)는 아직 경단(輕斷)할 수 없으나 동양의학의 부흥과 협력하여 수립될 것만은 신(信)하기에는 주저하지 않는다. 이러한 시기에 처한 현하(現下) 조선 의학자들의 책임은 실로 무거운 것을 알아야 하겠다. 단독(單獨)히 의학을 배워가지고 시정(市井)으로 나아가서 근시안적 배금주의자가 되기 전에 모름지기 안전(眼前)의 인술(仁術) 문제에 착안함이 가하지 않을까! 적으나마 위에 말한 아량과 관심을 가지고 동양의학을 연구하여 보아야 할 줄 안다. 하지만 이 문제는 경솔히 착수하기 어렵고 경솔히 무관심하기도 어려울 것을 알아야 할지니 종(縱)으로는 동양의학과 서양의학의 역사적 발전과정도 비교 고찰하여야 할 것이며 횡(橫)으로는 현재의 양의학(兩醫學)의 내적 가치를 검토하며 그 우열을 밝혀야 할 것이다. 실로 동양의학 부흥운동의 이면(裏面)에는 여러 가지 중대한 문제가 나열되어 있다. 진지한 학구자(學究者)가 와서 문을 두드리기를 기다리고 있다.

최근에 장기무(張基茂) 씨가 소논문(小論文)을 발표하여 한방의학의 부흥책(復興策)을 제의하신 데 대하여 평소에 이 점에 유의하고 있던 필자로서는 경의를 표하지 않을 수 없다. 적적(寂寂)한 우리 한의학계(漢醫學界)에 돌현(突現)한 일점홍(一點紅)이었다. 질적으로 보아서 부족의 감(感)이 있고 필치(筆致)가 너무 성급한 데서 논(論)이 시작된 것이 좀 섭섭하다. 더욱 온축(蘊蓄)을 기울여서 쓴 씨(氏)의 의견 발표를 기다리는 바이다.

그 후 정근양(鄭槿陽) 씨의 장씨론(張氏論) 비판논문(批判論文)이 『조선일보(朝鮮日報)』 특간지상(特刊紙上)에 실리는 중(中)에 있으니 이에 일반의 관심을 이끄는 동기가 되기를 바란다. 아직 정씨(鄭氏) 논문은 전부 읽지 못하였으나 이러한 현상의 발아(發芽)에 자극되어 이에 대한 일편(一片)의 소신(所信)을 피로(披露)하고자 하는 소욕(小欲)의 발동(發動)을 이기지 못하고서 이 글을 초(抄)하여 보기로 결심하였다. 그렇기 때문에 장씨(張氏)와 정씨(鄭氏)의 소론(所論)에 대하여서는 직접 접촉(接觸)하기를 피하고 독자(獨自)한 입장에서 동양의학과 서양의학에 대한 일종의 감상적(感傷的) 소론(小論)을 적어 보기로 한다. 따라서 동양의학 부흥론에 대한 혹종(或種)의 암시를 얻을 수 있다면 이 이상 더 바라지 않는다.

2. 의학계(醫學界)의 양대조류(兩大潮流)

　금일 조선 의학계의 대세는 양분할 수 있다. 하나는 재래의 동양 의학이겠고 다른 하나는 서양의학이다. 동양의학을 가리켜 한방의학 (漢方醫學)이라고 하고 서양의학을 일러 양방의학(洋方醫學) 혹은 현 대의학이라고 통칭하는 것이 보통이다. 이 두 의학은 현재 엄연히 분립되어 있는 양대 세력인 것은 분명한 사실이다. 이 두 의학은 제 다(諸多)의 점에 있어서 의학적 태도를 달리하는 만큼 가볍게 근본적 융화(融和)를 바랄 수 없을 것으로 봄이 옳을 것이다.

　물론 이 양의학(兩醫學)이 다 인체의 생명문제에 관한 학문인 점은 동일하다. 의학으로써의 궁극의 목적은 동일하다는 말이다. 그러나 동일한 목적을 가지고 그 관점이 다른 까닭에 이에 양측으로 분기 (分岐)하게 되었으니 병론(病論)과 치료수단과 방법을 달리하게 되었 다. 신농씨(神農氏)로부터 시작된 동양의학과 히포크라테스 시대로부 터 시작된 서양의학과는 발전과정이 상이(相異)하였고 양의학(兩醫學) 의 상봉(相逢)도 기실(其實)은 최근세(最近世)의 일이다. 따라서 한류

(寒流)와 난류(暖流)와 같이 상호(相互) 대립적(對立的) 상태를 지속하게 되는 것도 알고 보면 무리가 아닌 것이다.

진찰방법(診察方法)이라거나 투약(投藥)과 치료방법(治療方法)이 상이(相異)하다는 것은 보통인(普通人)의 상식으로도 넉넉히 추지(推知)할 수 있지만 그 내부에 촉(觸)하여 보면 그 근본적 의학적 정신이 현저히 상이(相異)함을 곧 알 것이다. 이 상이(相異)의 발견이 곧 동양의학의 특이성(特異性)의 발견일 것이다. 또한 이 특이성 가운데 동양의학의 가치도 내포되어 있는 것이다.

따라서 이 양의학(兩醫學)의 근본적 정신을 상호 융합(融合)시키려는 것은 부당(不當)한 노력이라고 본다. 이 점에 대하여서는 더욱 고찰하여 볼 필요가 있겠지만 한 가지 유의할 점은 그 근본은 불일(不一)하다고 하더라도 지엽적 문제에 있어서는 상호 타협이 불가능한 것은 아니다. 양의학(兩醫學)의 타협(妥協)이란 점에 주의할 것은 한방의학이 서양의학을 맹목적으로 수종(隨從)함에 그치기 쉽다 함이다. 이는 현하(現下) 서양의학의 세력이 강대함으로 인하여 일어나기 쉬운 약점이다. 향촌(鄕村) 의생(醫生)들이 '모루히네(モルヒネ moruhine 아편에 포함된 모르핀)'와 '중조(重曹)'를 쓰게 되는 것은 어느 점으로 보아서는 동양의학의 추락이라고 보지 않을 수 없다. 그러나 이러한 소소(小小)한 문제에 서로 대립하거나 반목할 필요는 없다. 오인(吾人)의 관심은 의술(醫術)로서의 전체적으로 보아서의 가치문제이다. 완실(完實)한 새로운 의학적 정신을 재건하고자 함에 있는 것이다. 그런고로 양의학(兩醫學)이 지엽적(枝葉的) 문제에 이구(泥拘)되어 가지고 상호 반목한다고 하면 진정한 의학의 발달은 방해되는 것이다. 그런고로 오인(吾人)은 의학적 근본정신을 재검토 수립하여서 동양의학적 정신을 주로 할까, 서양의학적 정신을 근간으로 할까, 다시 말하면 종합으로부터 출발한 의학의 의학적 주류를 따를까, 분석적으로부터 출발한 자연과학적 의학을 주류로 삼을까 하는 점이 선결 문제가 아닐 수 없다고 본다. 따라서 모든 지엽적 타협문제는 결정될 것이니 이 역시 중요한 연구문제의 하나이다. 이 점에 대하여서는 차차(次次)로 더 고찰을 시(試)하여 보기로 한다.

그런데 진정한 의학의 발달을 제지(制止)하는 것은 덮어놓고 양의학(洋醫學)은 우월하다 하고 한의학(漢醫學)은 무가치한 것으로 치지(置之)하려고 하는 일반적 관념의 경향이다. 이에 대하여 현대인은 냉정한 비판을 시(試)할 겨를도 없는 듯하다. 여러 가지 의미에 있어서 동양문화는 서양문명의 침략을 받고 있는 차제(此際)에 홀로 동양의학만의 완건(完健)을 바랄 수는 없으나, 무슨 까닭과 원인으로 한방의학은 현대인에게 멸시를 당하며 등한시(等閑視)를 당하는가, 그 반면에 서양의학은 그처럼 융성을 극(極)하는가 함을 좀 연구하여 볼 필요가 있지 않은가.

만일 이 현상이 일시 외부적 기형적 현상이라면 오인(吾人)은 일일(一日)이라도 속히 이 현상을 제거하기에 노력하여야 하지 않을까, 이와 반면에 신흥의학 수립의 기반을 닦아야 할 것이다. 모름지기 동양의학의 부흥을 부르짖게 되는 곳에 있어서는 정복자의 우월감과 피정복자의 나약한 퇴영적(退嬰的) 심리를 떠나 진정한 의미에 있어서의 과학적 태도로써 연구 비판하여 진정한 의술을 이해하기에 노력하여야 할 줄로 신(信)한다.

3. 동양의학(東洋醫學)이 침체(沈滯)된 제원인(諸原因)

　이에 오인(吾人)은 한방의학(漢方醫學)이 침체 부진하는 원인과 양방의학(洋方醫學)이 성행되는 이유를 잠시 고찰하여 보고자 한다. 이 제목만 가지고도 여간(如干) 세밀하게 관찰하여야 하겠지만 필자는 세간에 유행되는 관찰을 들은 대로 종합하여 비판하고자 한다.

　한방의학 부흥운동에 대하여서는 간접으로 중요한 관계가 있으리라고 믿는 까닭이다. 누가 보든지 금일(今日)은 서양의학의 전성시대라고 할 것이다. 그렇기 때문에 한방의학의 부흥도 운위(云謂)되는 것이다. 이와 같은 급격하게 밀려 들어온 시대사조의 산물인 시대아(時代兒) 서양의학(주로 일본을 거쳐 들어온 독일계통의 자연과학적 분석의학이다)의 세력에 쫓겨 동양의학은 점차 행랑채로 이삿짐을 옮기고 말았다. 이를 주객으로 논지(論之)하면 주인은 물론 한방의학이겠으나 신래(新來)의 객에게 그의 주권을 상실당하고 있는 감(感)이 있다.

　사실상 그러하다. 따라서 이 운수(運數) 불길(不吉)한 폐주(廢主)는 동양류(東洋流)의 숙명론적 사상으로 말미암아 소허(少許)의 반항도 없이 곱게 그의 지반(地盤)을 신래(新來)의 객(客)에게 양도(讓渡)해 주고 말았다. 분투적(奮鬪的) 노력과 협동적(協同的) 반항(反抗)이 없이 시대아(時代兒)의 횡행(橫行)을 좌시(坐視)하고 수종(隨從)하는 곳에 발전과 향상이 있을 까닭이 없다. 이 점으로 보아서는 동양의학자들의 유교적 사상의 나약한 태도에 동양의학의 부진과 쇠퇴가 기인하였다고 볼 수 있으나 그 책임의 전부를 그들에게 돌리기에는 너무도 강력적(强力的) 압력(壓力)이 있었음도 망각할 수 없다. 그것은 다른 것이 아니다. 시대력(時代力)이라는 세력이었다. 시대사조의 압박을 견디지 못하고 드디어 금일과 같은 침체를 보게 된 것이다. 그러나 오인(吾人)은 이 시대력(時代力)의 정체를 좀 알아보고자 한다.

어떠한 시대나 곳을 막론하고 그 시대의 시대적(時代的) 사조(思潮)가 있을 것은 취언을 불요(不要)할 것이다. 이를 가리켜 시대력(時代力)이라고 할 것이니 일반적으로 시대력(時代力)은 보통 강력(强力)을 가지고 그 시대를 지배하고 있다. 이러한 현상을 오인(吾人)은 의학계에서도 배웠다. 또한 강즉정(强卽正)이라는 관념은 오로지 당시의 산물일지니 시대력(時代力)의 맹목성과 무비판성을 망각하여서는 안 된다.

따라서 오류와 편견을 가지고 자기정당만을 주장하게 되는 편협된 독단을 가지는 비(非)를 범(犯)하는 것도 시대성(時代性)의 하나이다. 이러한 제점외(諸點外)에도 보수성 등을 거(擧)하겠으나 이상의 논(論)에 비추어 볼 때 금일(今日)의 강대하고도 무비판적인 절대적 서양의학의 숭배경향은 실로 동양의학에 치명상을 입히고 만 것이다. 그러나 이 경향 그 자체를 냉정하게 살펴보면 어떠한 오류와 편견이 잠재(潛在)하여 있는 것을 알게 될 것이다. 이는 오직 냉정한 태도로 편견과 신입주견(先入主見)의 관념우상(觀念偶像, 시대적 우상)을 버리는 자만이 능히 이해할 수 있을 것이다. 이러한 처지에 있는 동양의학을 가리켜 아주 무가치한 학문이라거나 미개(未開)된 저급의 학문이라는 견해는 참으로 피상적 관찰이라고 하지 않을 수 없다. 심한 자는 한방의학을 야만인의 미신의학과 동일시하며, 좀 학식이 있다고 자처하는 분도 동양의학을 일종 골동품으로 치지(置之)하고 박물관으로나 보내려는 견해를 가지게 되니 여사(如斯)한 견해는 전부가 피상적 천견(淺見)에 속한다. 의학의 본질상 가치는 피상적(皮相的) 악평(惡評)으로 좌우될 것은 아니다. 또한 내재적 가치가 시대력(時代力)에 좌우될 것도 물론 아니다.

자못 그의 성쇠는 시대의 변동을 따르게 되겠지만 의학은 초시대적이어야 할 것이다. 이 시대의 의학은 다른 시대에는 무용(無用)하다는 논(論)은 있을 수 없다. 자못 발전과정은 밟지 않을 수 없는 것만은 사실이지만 이것은 의학가치의 초시대성(超時代性)과는 별개의 문제이다. 따라서 동양의학이 현재 얼마나 시대력(時代力)에 눌리워지나는가 함을 잠시 살펴보기로 하자.

동양의학이 침체 부진하는 외부적 원인의 하나로 이상에 시대사상의 영향을 거(擧)하였다. 이는 실로 중대한 영향의 하나요 그 영향은 심각한 바가 있다. 현대는 자연과학이 전성(全盛)을 극(極)하는 시대이다. 자연과학 만능의 사상은 모든 방면에 심각한 영향을 주고 있다. 자연과학은 주로 물리학과 화학과 수학에 그 기초를 둔 만큼 정적(靜的) 학문(學問)이다. 동적(動的) 관찰(觀察)을 요하는 의학과 자연과학과는 어떠한 관계가 있는가. 현대 서양의학은 주로 자연과학의 발달과 병행하여 발전된 의학인지라 그 관계는 실로 밀접하다. 따라서 진정한 의학과 자연과학과의 관계는 다시 항(項)을 달리하여 이야기하고 싶지만 사실상 동양의학은 그 본질상 정적(靜的) 학문(學問)이 아니요 분석적 자연과학과 그렇게 친밀할 수 없는 학문이다. 종합적 진리를 구하여 연역하는데 따라서 동양의학은 부분적 지식을 구하게 되었고 현대과학은 베이컨의 귀납법적 관찰로부터 출발하여 전체에 급(及)하는 학문이다. 그러기 때문에 동양의학은 서양의학과 불상용(不相容)의 입장에 서게 되었고 따라서 현대권외(現代圈外)로 추방을 당하고 만 것이다.

현대성(現代性)에 부합되지 못하는 동양의학은 은인자중(隱忍自重)하며 그의 부흥기(復興期)를 기다릴 따름이다. 이러한 현상을 단지 일시적으로 보는 오인(吾人)은 결코 낙담하지 않고 동양의학의 내재적 가치는 결코 소멸되지 않을 것으로 본다. 그러나 현대의 시대적 박해와 냉담은 실로 자심(滋甚)한 바가 있다. 정치적으로나 교육방면으로나 법률적으로나 한방의학은 아무 보호도 없는, 실로 광영(光榮)있는 고립에 임하여 있는 셈이라 할는지, 어떻든 정치적 보호가 없는 곳에 활기와 진보가 없는 것은 너무도 명백한 사실이다. 현대인의 교육은 동양의학과 멀어진 지도 오래다. 한방의학을 말하는 자는 '모던(morden)' 현대인의 수치로 여겨, 온갖 멸시와 박해를 가하고 있는 현상이었다. 이 때문에도 동양의학은 한문자(漢文字)의 고전적(古典籍) 속에서 한 걸음을 더 나오지도 못한 것이다. 정치적으로 보호와 배경이 없는 고아, 동양의학의 진가를 발휘하지 못함은 여러 가지 의미로 보아 애석한 노릇이다.

상술한 바와 같이 의학의 본질적 가치는 초시대적이어야 한다는 점에 있어 오인(吾人)은 심각한 관심을 가져야 할 것이다. 따라서 시대적으로 보아서 우월한 지위에 있는 의학이어야 한다는 견해나 관념은 확실히 유견(謬見)이 아닐 수 없다고 본다. 정치사상이나 경제구조의 변동을 좇아 의학적 견해가 변화된다는 우론(愚論)이 성립되지 못하는 것과 같이 자연과학이 동양의학의 본질적 가치를 동요시킬 수 없을 것이다. 정치적 사상의 시비 표준이라거나 혹은 오인(吾人)의 생활양식은 시대사조의 영향을 받을 것이며 물질적 현상계에 있어서 자연과학적 법칙의 지배를 수(受)할 것은 어느 정도까지 수긍할 수 있지만 의학계의 그 본질적 가치표준은 오로지 인간에 국한되어 있을 따름이다. 횡적(橫的)으로 지질적(地質的) 풍토관계(風土關係)는 또한 무시할 수 없겠으나 여하간(如何間) 그 가치는 인체라는 소우주에 국한된 좁은 범위에서 좌우된다.

인체(人體) 내의 병적(病的) 현상(現象)을 완전히 제거하고 치료하는 데 따라 의학적 가치는 좌우될 것이니 결코 일시적 대증치료법(對症治療法)이어서는 안 된다. 의학은 생명의 과학이다. 생명의 본질 문제에 들어가서는 시대적 조건은 하등의 가치가 없다. 그러나 금일과 같이 동양의학이 무조건하고 무가치하다고 세인(世人)의 멸시를 당하게 됨은 실로 통탄할 일이다. 시대상(時代相)에 가리워진 서양의학의 결함과 동양의학의 가치를 천명(闡明)하려하는 곳에 실로 동양의학 부흥운동의 목적과 의의가 있다고 하겠다.

역사적으로 보아서 동양의학은 상고(上古) 신농씨(神農氏) 이후 허다(許多)한 학자의 손에 연마되어 이 땅에 뿌리박힌 의학이다. 일조일석(一朝一夕)에 자연과학의 발달과 병행하여 최근에 발달된 독일식 현대의학의 침략을 받아 그렇게 경경(輕輕)히 멸망되거나 타기(唾棄)

될 무가치한 의학은 아니다. 학술적으로 보든지 실제 임상적 가치로 보든지 여하간에 그 혁혁한 업적은 쉽사리 사라지지 않을 것이다. 더욱이 최근 함흥인 이제마(李濟馬) 선생의 창설(創說)인 동양의학의 정화라고 할 수 있는 사상의학(四象醫學)과 같은 것은 실로 세계적 경이의 학설이요 발견일 것이다. 그러나 아직은 현대인의 관심이 배금주의적 경향과 아울러 서양의학 숭배의 우상을 버리지 못하는 한, 좀처럼 그 진가가 일반 학계나 민간에 알려지지 못하고 있게 되는 것이다.

그런고로 동양의학을 비교 고찰하고 연구하자면 무엇보다도 먼저 이 선입견의 시대적 우상을 버려야 할 것이다. 따라서 동양의학을 비방하는 자는 동양의학의 내용을 모르는 무지자이거나 이상의 시대적 편견을 가진 자일 것이다. 오인(吾人)의 궁극적 목적은 진정한 종합적 의학의 진리를 탐구함에 있을 것이다. 실로 상술한 편견과 우상을 버린 곳에 무한한 처녀지(處女地)는 개척자를 기다리고 있는 것이다.

이상에 진정한 의학은 초시대성(超時代性)을 가졌다 함을 고찰하였고 동양의학의 침체된 주요인이 시대력(時代力)의 압박에 기인하였다는 점은 극히 개괄적으로 논지(論旨)하였거니와 이제 다시 동양의학이 부진하게 된 제2원인을 고찰하여 보기로 하자. 이는 상술한 중에도 암시하였거니와 소위 최근의 한의생(漢醫生)들의 학구(學究)의 부족으로 인하여 의학 자체의 신용을 저하시킨 것이다. 민간에 칩거(蟄居)하여 독행적(獨行的)으로 시술행세(施術行世)를 일삼았기 때문에 동양의학은 아무 통제[예(例)하면 학회(學會)나 후진(後進)의 교육기관]가 없는 무정부 상태에 빠지고 만 것이다. 다시 말하면 운용자(運用

者)의 불완전한 것과 운용방법이 불철저하였음에 기인하게 되었다고 본다. 이 때문에 현대인의 오해와 몰이해를 사게 되었었고 한방의학은 진보 없는 퇴보를 하게 되었다고 봄이 타당하다고 하지 않을 수 없는 것이다.

또 한 가지는 동양의학은 문헌의 난해로 말미암아 성급한 현대 학도(學徒)들과의 거리가 차차로 멀어졌다고 할 수 있다. 연마하고 아니하는 데 보옥(寶玉)의 진가가 좌우된다는 고언(古諺)과 같이 실로 한의학(漢醫學)은 케케묵은 먼지 속에서 썩었고 선현들이 심혈을 기울여 연구하여 놓은 귀중한 문헌(文獻)은 난해(難解)의 한문자(漢文字) 속에서 일반적으로 그 진가를 발휘하지 못하는 것이다. 현대인의 교육의 기초가 '천지현황(天地玄黃)'에 있지 아니하고 'ABC'에 있으니 한의학이 천지현황(天地玄黃) 속에 그대로 심장(深藏)해 버리기도 쉬운 일이다. 요컨대 한문학(漢文學)의 부진과 아울러 동양의학도 버려지고 말았으니 진구(塵垢)를 버리면서 아울러 보옥(寶玉)까지 버리게 되었다고 말할 수 있다.

또한 저급 의술자(醫術者)들이 은둔적이고 보수적임으로 인하여 동양의학은 점차로 출세적이요 진취적인 서양의학의 침략을 받게 된 것이다. 모름지기 이 점에 있어서 동양의학의 부흥을 말하는 자는 배움이 있어야 하겠고 유의하여야 할 것이다. 요컨대 동양의학은 현대어화(現代語化)하여 난해(難解)의 한문자(漢文字)의 탈을 벗고 나와야 할 것과 동양 의학도(醫學徒)들의 질적으로 향상시켜야 할 것의 구체적 방면으로 들어가게 된다[이 점은 장기무씨(張基茂氏)의 소론(所論)을 참조하라]. 기타 약재(藥材)의 정결(精潔)치 못하고 채약(採藥)의 불완전한 것과 복약방법(服藥方法)이 간편치 못하다는 등의 원인이 있겠으나 상론(詳論)할 것은 없으되 한방(漢方) 의학가(醫學家)들은 양의(洋醫)의 정결주의(精潔主義)에 배움이 있어야 할 것이니 현대인의 심리가 그러한 것을 요구하게 되니 내하(奈何)하랴. 모름지기 이 점에 관심하여 연구할 필요가 있지 않은가. 외모(外貌)의 화장(化粧)이 내용의 가치를 좌우하지 못한다고 하더라도 감각적 시야(視野)의 어느 정도까지의 보조적(補助的) 만족은 줄 수 있는 것이다.

이상에 지루하게 열거 논술한 동양의학의 침체된 원인은 결코 한방의학의 내재적 가치를 무시할 수 없는 원인들이다. 거개(擧皆)가 외력적(外力的) 원인들이기 때문이다. 이 외력적(外力的) 원인들은 그 내용가(內容價)를 저하시키지 못한 것이니 아직도 민간에 있어서 한방의학의 임상적 시술가치가 엄존(嚴存)하여 있음을 보더라도 그 내적 가치를 규지(窺知)할 수 있지 않은가. 히포크라테스의 언(言)을 인용하여 보더라도 "의학은 경험지식"인 점에 동양의학이 다를 것이 없다. 따라서 동양의학은 인간에 대한 산 경험지식에 근거하여 있는 것이다. 태서의학(泰西醫學)과 같이 '모루못도(モルモット)', '토끼', '개구리', '현미경'에 근거한 고정적(固定的) 지식과는 그 경험적 내용이 다르다. 의학은 산 경험이란 점에 의학의 생명이 있나니, 아직도 민간에서의 한방의학의 세력을 절대로 무시할 수 없는 것은 동양의학적 경험지식이 그만큼 위력이 있고 생명이 있는 까닭이다. 민중이 우매하여 한방의학을 찾는 것이 아니다. 민중은 외모의 미보다도 내용의 미를 찾는 진순성(眞純性)이 아직도 남아 있는 까닭이다.

그런고로 시대적 영향과 운용자 불완전 등을 초월하여 동양의학의 내재적 가치는 엄연히 존재하여 있으니 한방의학의 가치는 이상의 원인과 조건으로서는 동요시키지 못하리라고 선명(宣明)하는 것이다. 이에 또한 한방의학 부흥운동의 의의는 더욱 확보될 것으로 믿게 되는 것이다. 따라서 이와 동일한 반대의 논법으로 태서의학(泰西醫學)의 가치도 이상의 원인과 조건으로 향상되거나 우월하다고 자처하지 못하리라고 본다. 의학적 가치기준은 학술이론이 정당할 것도 물론이거니와 그 이론의 외현(外顯)이 될 실제 임상적 살아 있는 가치가 더욱 중(重)할 것이다. 요컨대 이론보다도 인체의 병상(病狀)에 대한 실제가 더욱 중대 의의를 가지고 있으니 이제 잠시 그 내부에 촉(觸)하여 살펴보기로 하자.

4. 자연과학(自然科學)과 의학(醫學)

　자연과학의 기초가 되어 있는 것은 기계적 원리와 경험과 관념이라고 할 수 있다. 기계학적(機械學的) 원리는 주로 무기체(無機體), 즉 물질적 현상계를 정적(靜的)으로 관찰하며 실험하여 얻은 물리나 화학적 작용에 입각하여 있다고 본다. 이 원리나 작용을 무기체뿐이 아니라 유기체에 까지도 일률적으로 적용하려는 것이 현대 자연과학적 사상이다. 유기체(有機體)는 무기체보다 그 구조상 복잡할 뿐으로 그 내용에 있어서 다를 것이 없이, 다 물리작용(物理作用)과 화학작용(化學作用)의 현상으로 본다. 그러기 때문에 유기체의 생명문제는 극히 가볍게 보며 따라서 일종 생명의 기계설이 그 근본이 되어 있다. 생명을 단순한 물질적 작용의 외현(外顯)으로 관주(觀做)하여 버리는 것이다.

　그러나 현대의 생물학자의 권위들도 아직도 생명문제는 완전히 설명하지 못한다고 말한다. 장래로도 자연과학적 생물학으로써는 생명문제를 완전히 해결하지 못하리라 보는 오인(吾人)은 그에 기대(期

待)는 참으로 희박하다. 복잡한 질서 하에서 진행하는 동적(動的) 생명문제는 총괄적으로 관찰할 능력을 갖지 못하고 정적(靜的) 관찰법(觀察法)을 채용하고 있는 현대 생물학자(生物學者)에게 해결을 기대할 수 없는 까닭이다.

현대과학은 부분적이요, 정적이요, 분석적 학문이다. 부분적으로 명쾌하고 분명한 지식을 오인(吾人)에게 제공하는 것이 사실이다. 또한 물질적 현상은 주로 분석적이어야 할 것과 세밀한 관찰을 요한다는 것도 사실이다. 이러한 의미에 있어서 자연과학적 귀납적 관찰이 필요할 것이니 그런고로 자연계의 부분적 지식을 획득하는 데는 필요할 것이다. 따라서 현대 기계문명의 발달은 오로지 분석적인 현대과학의 공헌인 것도 오인(吾人)은 수긍을 아끼지 않는다.

그러나 이와 반면에 기계학적(機械學的) 관찰과 지식은 전체에 대한 통일적 지식이 결여되었거나 불완전한 것도 망각하여서는 안 된다. 다시 말하면 부분의 총괄적 관계와 부분이 집합 통일작용이라는 개괄적 관계를 흔히 등한시한다 함이다. 따라서 부분은 전체에 대한 의의와 관계를 구명(究明)하는 곳에 진의(眞意)가 있다. 부분적(部分的) 지식은 완전한 지식이 아니다. 산란(散亂)한 지식일 따름이다. 인체를 이목구비(耳目口鼻)나 폐비간신(肺脾肝腎)이나 기타 일부분적(一部分的) 기관(器官)으로 쪼개서 관찰하고 설명하는 것은 부분적 산란(散亂)에 빠지게 되는 것이다. 사람의 생명은 하나다. 이 유일(唯一)을 이해하기 위해서 부분적 지식을 다소간 요구하는 데 불과하다. 그런고로 현대의학이 만일 분석적이라고 하면 이는 노다공소(勞多功少)할 것이며 그 지식은 부분에 그치고 마는 까닭이겠다. 요컨대 오인(吾人)은 부분과 부분과의 관계를 이해함으로써 비로소 생명 이해의 제일단계에 올라섰다 할 것이다.

의학은 생명에 관한 과학이다. 생명을 이해하지 못하고서는 의학을 논의하지 못한다. 생명은 부분에 있지 않고 질서 있는 전체적 변화와 통일현상이 곧 생명일 것이다. 인체에 내포되어 있는 생명이 일세포(一細胞)나 일기관(一器官)에 부속(附屬)되었으리라는 견해는 유견(謬見)일 것이니, 왜 그러냐 하면 생명은 세포와 세포와의 관계, 기관(器官)과 기관과의 관계를 이해함으로써 비로소 명확하게 될 것이기 때문이다. 여기서 생명의 본질적 문제, 즉 말하자면 생명의 본질이 유심(唯心)이냐 유물이냐 하는 철학적 형이상학적 지식을 구할 필요는 없다. 자못 의학을 논하자면 이 전체적 관계를 이해하여야 한다 함에 불과하다.

그러면 기계학적 지식에 입각한 현대과학이 능히 생명의 활동을 논의하는 의학을 논하고 설명할 수 있을까 함이 문제이다. 가장 중차대한 문제가 되지 않을 수 없다고 본다.

상술한 바와 같이 현대 자연과학적 지식은 부분적 지식이며 무생물적(無生物的), 즉 자연계에 있어서만 권위가 있다. 자연을 정복하는 위대한 능력을 가지고 있는 현대과학이라고 하더라도 의학계에 있어서의 맹신적(盲信的) 신빙(信憑)을 오인(吾人)은 주저하는 자이다. 하고(何故)냐 하면 오인(吾人)의 생명은 로봇과 같이 단순히 기계적으로만 활용하며 반복적으로 행동하는 수학적 기계가 아닌 까닭이다. 19세기 영국이 나은 철학자요 생물학자인 '하버드 스펜서(Spencer, H)' 씨도 생명은 내재적 관계가 외적 관계에 적응하는 현상을 가리킨 것이라고 정의하였으니 물론 이것만 가지고 완전한 설명이라고 할 수 없으나 생명은 로봇이 아니라는 것은 이상의 말 가운데에 자연중(自然中) 포함되어 있음을 알 것이다.

　이제 오인(吾人)은 현대과학이 기계학적 지식은 부분적으로는 그 지식의 성질상 의학계에 공헌한 바가 있다고 보나 의학의 근본문제인 전체적 관계, 즉 생명문제에 있어서는 완전한 지식을 제공하지 못하리라고 본다. 기계학적(機械學的) 지식(知識)은 분석과 세밀(細密)을 요하고 진정한 의학적 지식은 종합(綜合)과 전체적(全體的) 연관관계(聯關關係)의 지식을 요구한다. 전체적(全體的) 지식(知識)에 필요한 다소간(多少間)의 부분적 지식은 자연과학적 지식에 구하고 의학의 근본문제인 생명의 지식은 종합적 관찰로써 얻어야 할 것이니 이 종합적 관찰과 지식이 곧 동양의학적 정신의 근본이 되어 있는 것이다. 이러므로 종합의학을 말하는 자, 동양의학의 정신을 잊어서는 안 될 것이다. 이 문제는 앞으로 더 연구하여야 할 문제요 제목인 것을 말하고 이제 다음 항으로 옮기고자 한다.

5. 종합의학(綜合醫學)에 대(對)한 오인(吾人)의 견해(見解)

전항(前項)에서 자연과학과 의학과의 관계를 개괄적으로 고찰하여 보았거니와 자연과학적 지식의 불만을 느끼지 않을 수 없다. 현대 태서의학(泰西醫學)은 주로 자연과학의 발달과 병행하여 발달되었다 함은 위에서도 말한 바가 있지만 사실상 서양의학은 자연과학과 떠날 수 없는 관계를 가지고 있다. 현미경의 발달은 해부(解剖) 조직학 (組織學)과 세균학(細菌學)과 밀접한 관계를 가지고 있는 것은 주지(周知)의 사실이다. 이와 같이 세분(細分)하여 들어가는 곳에 전체는 자연중(自然中) 망각하여 버리게 되었다. 현미경하(顯微鏡下)에서 오인 (吾人)의 생명의 활동과 동적(動的) 관계를 볼 수 없을 것이며 일개(一個) 초자(硝子) 시험관 속에서 어떻게 전체 통일작용을 이해할 수 있을까가 난문제(難問題)이다. 현미경적 지식과 시험관적 지식을 절대적 지식으로는 간주하지 못할 것은 현대의학자 자신도 명언(明言)하는 바이다. 그렇게 거대한 문헌과 연구발달을 현대의학은 소유하고 있지만 이런 것이 거개(擧皆)가 산란(散亂)한 지식(知識)임을 알게 되는 때, 또한 오인(吾人)은 실망하지 않을 수 없는 것이다. 해부학적 지식은 죽은 시체를 해부하여서 얻은 지식임에도 불구하고 그것을 표준 삼게 되는 데 위험이 없다고 누가 보증하랴. 동적(動的) 지식(知識)이 결여된 의학적 문헌은 휴지(休紙) 동양(同樣)이라고 극언하기는 어렵다고 하더라도 그 가치는 반감(半減)될 것을 알아야 한다.

마치 중심이 없는 파열(破裂)된 원호(圓弧)와 같이 현대 의학적 연구문헌은 실로 중심이 없는 산란(散亂)한 상태에 있다. 단편적 지식의 다량생산에 현대인은 아연(啞然)하고 경탄(驚歎)함을 볼 때, 오인(吾人)은 실소(失笑)를 불금(不禁)하게 된다. 또한 약물학(藥物學)도 개구리와 모루못도의 공로(功勞)로 성립된 학문이다. 그러나 오인(吾人)이 말하는 의학은 개구리 의학이거나 모루못도 의학은 아닐 것이니, 현대 약물학의 가치도 절대 신임(信任)하기는 위험천만이다. 약물학서(藥物學書)를 펴볼 때 실험적 근거의 박약은 막론하고라도 갑론을박(甲論乙駁)에 결론을 얻지 못한 것이 태반이다. 오인(吾人)으로 하여금 극언하기를 허(許)한다면 현대약물학(現代藥物學)은 박사(博士)를 제조하는 학문이라고 할 만큼 그 내용이 빈약하다는 것이다. 구체적 거례(擧例)의 번(煩)을 피하거니와 현대 의학자가 약물학 강의의 최종 시간에 약물학(藥物學) 불신임(不信任)을 자백하는 것을 필자는 들었다. 현대인은 영리(怜悧)하기 때문에 거꾸로 속아 사는 셈이 아닐까.

세균학(細菌學)에 관하여서도 논하고 싶으나 너무 번론(煩論)하기를 피하고 이상과 여(如)히 현대 의학의 약점을 암시함에 그치려 한다. 내과(內科)에 속한 병에 해부도(解剖刀) 만능주의를 쓰려는 경향은 실로 현대의학의 내과(內科)의 자살을 의미하는 것이 아닐까. 오인(吾人)은 이의 말로(末路)를 주시(注視)하려는 자에 속하여 있음을 자부하는 바이다.

그러면 이상과 여(如)히 현대 의학적 근거의 박약함을 알게 될 때 자연히 오인(吾人)은 종합적(綜合的) 의학(醫學)에로 돌아가기를 부르짖게 되는 것이다.

종합의학(綜合醫學) 정신의 수립이 급무인 것을 감(感)하게 하는 것이다. 지엽적 문제에 몰두하는 곳에 진정한 종합의학의 정신은 있을 수 없다. 현대 의학자들은 이 점에 있어서 그릇된 편견을 버리고 참된 아량을 가지기를 바라는 바이다. 그렇다 하면 종합의학이란 어떠한 것이라야 할까. 종합의학이란 분석의학에 상대되는 술어일 것이다. 분석의학을 직선적이라고 하면 종합의학은 평면적이라야 할 것이다. 분석의학을 만일 평면적이라고 하면 종합의학은 한 걸음 더 나가서 입체적이라고 할 것이다. 분석의학은 기실(其實) 종합적 의학의 부분적 역할을 가지고 있을 따름이다. 이것이 종합의학의 보편적 해석이 되겠다.

세포는 조직의 일구성(一構成) 분자임을 아는 곳에 세포의 의의가 있고 조직은 각 기관의 일구성분자(一構成分子)인 것을 이해하는 곳에 의의가 있고 각 기관은 전체적 생명에로 귀일(歸一)시켜서 생각하는 곳에 그 의의가 있다. 현대의학에 있어서의 각 과(各科)로 분석되는 것은 의학의 발달을 의미하는 것이 아니라 종합의학적 견지로 보아서는 실로 의학의 타락인 것이다. 하고(何故)뇨 하면 이는 각 분과로 분리해서 생각할 수 없는 까닭이다. 진정 의학은 분리로부터 귀일적(歸一的) 통일을 꾀하지 아니하면 안 될 것이어늘 이를 전문적 분과(分科)로 세분(細分)하게 됨은 건축의 해체와 흡사하니 이는 번잡을 의미하고 무통제(無統制)를 의미하는 것이다. 따라서 각 분과(分科)

로 세분(細分)되어짐을 따라서 일인(一人)의 환자가 수과전문의(數科專門醫)의 문전(門前)을 두드리게 될 때 과연 자기의 질환(疾患)의 흑백을 분간하게 되지 못할 것이다. 이것은 분과(分科)는 의학을 모호하게 한다는 일례(一例)에 불과하나 현대 의학은 그 성질상 분과되지 않을 수 없는 것도 사실일 것이다.

분과의학(分科醫學)은 의학의 불구자이다. 맹인은 코끼리의 전체를 이해치 못함과 같이 분과의학은 이러한 결함을 가지지 않을 수 없다. 영업 의학적 견지로 보아서 분과된 의학이 유리하다는 견해가 만일 있다고 가정하면 이는 실로 의학 자체의 추락이 아닐 수 없다.

동양의학의 출발은 종합적 정신에서 시작되었다. 따라서 연역적이다. 전체를 이해하고 설명하기 위해서 부분적 지식을 요구하고 있다. 이러한 의미로 본다면 현대 의학적 연구의 결과는 동양의학에 대한 보조적 지식을 제공하게 될 것이며 이 정신 하에서 진부(眞否)의 취택(取擇)이 있을 것이다.

또한 종합의학은 한시라도 전체라는 관념을 떠나서는 안 된다. 전체적 관계를 망각하게 되는 때 종합의학은 분석의학에로 떨어지고 말 것이다.

전체를 떠나서 부분은 결코 성립되지 못할 것을 오인(吾人)은 생명의학에서 배워야 할 것이다. 생명은 유일(唯一)한 통일적(統一的) 유동적(流動的) 존재다. 여기에는 한시(時)라도 정지(靜止)와 난조(亂調)가 있어서는 안 된다. 정지(靜止)는 생명의 사멸이다. 난조(亂調)는 인체의 국부적 질환의 원인이 된다. 국부적(局部的) 질환(疾患)은 국부적 발현에 불과하다. 여전히 전체(全體) 유동(流動)과 관계되어 있는 것이다. 이 관계를 이해하는 곳에 종합적 의학정신이 시작되는 것이다. 만일 이것을 국부적으로 취급하려 한다고 하면 이는 분석의학이라 하지 않을 수 없는 것이다. 금일에 분석의학은 궁극에 달하여 있다. 그의 지반을 종합의학에로 양도할 시기는 점점 성숙됨을 오인(吾人)은 느끼고 있다. 이에 동양의학에의 부흥을 말하게 되는 것은 실로 그 의의가 심원하다고 하지 않을 수 없는 것이다.

6. 한방의학(漢方醫學) 부흥운동(復興運動)의 의의(意義)

　상술한 논중(論中)에 오인(吾人)의 견해는 어느 정도까지 암시되었다고 생각한다. 왜 동양의학을 다시 찾게 되는가 하는 것을 어렴풋이나마 논시(論示)한 셈이다. 한방의학 부흥운동이 결코 전반적으로 현대 태서의학(泰西醫學)을 배척하려고 하는 의도에서 나온 것은 아니다. 현대 서양의학을 재검토하여 보고자 하는 곳에서 이 운동은 출발하였고 서양의학의 전반적 가치를 비판하려고 하는 것도 한방의학 부흥운동론자의 임무의 하나라고 할 수 있다. 이제 태서의학적(泰西醫學的) 정신이 분석적인 곳에 그 가치가 희박하게 되는 소이를 알자 함이다. 아편에서의 '모르핀'의 추출이나 고봉(高峯) 박사(博士)의 '아드레나린'의 창제(創製) 등의 분석적 결과의 공헌을 말하게 되나 이는 전반적 종합의학적 견지로 보아서는 그 가치는 창해일속(蒼海一粟)인 것을 재인식하여야 한다. '모루히네' '고카인' 등속과 같이 일시적 마비의술은 의학의 횡로(橫路)이다. 진정한 의학은 대증료법(對症療法)으로 일시적으로 병을 은닉(隱匿)하는 것은 불가하다. 대중료법(對症療法)으로 자연치료를 꾀하게 되는 그 정신은 오직 자기 불충실(不充實)을 일시적으로 기만함에 불과한 것이다. 이러한 구체적 실례(實例)는 여기서는 피하기로 약정(約定)하였지만 이러한 점을 현대의학자들은 자성(自省)하여 볼 필요가 있지 않을까 한다.

그렇다고 현대 한방의학은 완전하다고 자처하는 비(非)를 범(犯)하려 하지 말아야 할 것이다. 경솔히 태서의학(泰西醫學)보다도 우월하다고 자긍(自矜)하여서는 안 된다. 이러한 개념은 모두 진정한 의학 발달을 방해하는 원인이 되기 쉬운 까닭이다. 오직 동양의학의 부흥을 부르짖지 아니치 못하게 하는 동기가 어디 있는지를 알아야 할 것이다. 너무도 광대한 문제이기 때문에 일언지하(一言之下)에 결론을 얻지 못하리라는 것은 필자 스스로도 각오(覺悟)하고 있다.

한방의학(漢方醫學) 부흥운동(復興運動)의 의의는 실로 중대한 것을 오인(吾人)은 인식하여야 할 줄로 안다. 현대의학은 사실상 기로에서 있다. 왜 그러한가. 그는 종합적이 아니고 분석적이기 때문이다. 분석적 의학의 발달은 분열과 파열에 가편(加鞭)할 따름이다. 이에 오인(吾人)은 더 기대를 가질 수 없다. 종합의학적 정신에로 복귀를 제창하게 되는 소이는 실로 여기에 있다.

진정한 의학은 유일(唯一)하다 하는 것은 정계양씨(鄭桂陽氏) 말과 같다. 사실 그러하다. 그러나 그 유일의학(唯一醫學)의 내적 성질과 의학적 정신이 문제라는 것을 오인(吾人)은 말하고자 한다. 현대 태서의학(泰西醫學)은 자연과학과 밀접한 관계가 있다는 것은 이상에 논시(論示)하였지만 오인(吾人)은 이 점에 의의(疑義)를 갖지 않을 수 없으니 왜 그러냐 하면 자연과학은 개별적 지식을 공급할 뿐이요 통일적 지식을 기대할 수 없기 때문이다. 그러면 어떠한 방법을 가지고 연구하여야 할까 하는 연구방법론이 문제가 되지 않을 수 없는 순서로 된다. 이는 일언지하(一言之下)에 논할 수 없는 문제이다. 이는 종합의학 수립과 밀접한 관계가 있기 때문이다. 종합의학을 말하는 자 또한 이 방법론을 제시할 의무가 있다. 종합의학적 방법론을 제시하지 못한다면 그 논(論)은 추상적이 되기 쉬운 까닭이다. 또한 이 방법론의 제시가 극히 난사(亂事)임을 각오하여야 하나 동양의학적 정신이 종합적이라는 것을 아는 자는 동양의학을 음미하는 곳에서 이 방법론을 결정할 수 있으리라는 것만은 오인(吾人)은 굳게 신(信)하고 있다. 구체적 방법론의 제시는 더욱 연구를 하여 후일 논할 기회가 있어야 할 것을 생각하고 있으나 자못 한방의학의 부흥의 의의가 실로 중차대한 것만은 거듭거듭 통감(痛感)하고 있다는 것을 말하고 이 논(論)의 결과를 짓고자 한다.

한방의학 부흥운동은 결코 기분적(氣分的) 편파적(偏頗的) 운동이 아니다. 이는 당연한 추세가 아닐 수 없다. 모름지기 태서의학가(泰西醫學家) 제씨(諸氏)는 이 운동에 대하여 바른 아량을 가지기를 바란다.

7. 결론(結論)

이 소론(小論)의 목적은 표제(表題)와 같이 종합의학 수립의 전제로써의 한방의학 부흥론의 의의를 밝히려는 데 있다. 물론 필자의 천식(淺識)으로 완결(完決)된 논문을 내놓지 못한 것은 유감으로 생각하는 바이나 그 의의의 일단(一端)이 암시되었다고 하면 다음 사람에게 얼마만큼 도움이 되었을 것을 믿고 이상 더 바라지 않는다.

최근 종합의학의 제창은 양(洋)의 동서를 나눌 필요가 없게 되었다. 프랑스의 루네아란지 박사와 같은 교수는 종합의학 제창자 중의 맹장(猛將)인 것은 그의 저서[和譯]를 통해서 알 것이다. 그는 히포크라테스 시대의 의학적 정신이 자연과학적 영향을 받아 추락(墜落)되었다고 말한다. 또한 고대의학(古代醫學)으로의 부흥을 말한다.

이번에 내지(內地)에서도 유모토 기와 마코토(湯本究眞), 시미즈 후지타로(淸水藤太郎) 등이 중심이 되어 가지고 '일본(日本) 한방의학회(漢方醫學會)'가 창립되어 『한방(漢方)과 한약(漢藥)』이라는 기관지(機關紙)의 창간호가 나왔다. 시기(時機)를 얻었다고 할 것이다.

동양문화도 서양을 거쳐 역수입되어야 한다는 기괴한 현상이 있지 말기를 오인(吾人)은 생각하지 않을 수 없다.『본초강목(本草綱目)』의 독문역주(獨文譯註)로 우리의 지식을 구하기를 기다리는 기괴한 현상이 있어서는 안 될 것을 오인(吾人)은 생각하지 않을 수 없다.

동양의학의 재음미가 얼마나 적절히 필요하다는 것을 말하고 각필(擱筆)한다.

4장

사상의학설 비판

— 그 이론과 실제에 관하여

1. 서론

사상의학(四象醫學)은 함흥태생(咸興胎生)인 이제마(李濟馬, 1836~ 1900) 씨가 창시한 학설인데 이 학설이 의학계에 발표되기는 거금 (距今) 약 40년(1894) 전의 일이다. 이 학설의 출현은 조선한의학계 (朝鮮韓醫學界)에 적잖은 충격을 주었고 왈가왈부(曰可曰否)의 세론(世 論)이 또한 분분하게 되었다.

이제마(李濟馬) 씨가 『동의수세보원(東醫壽世保元)』이란 책자로 자 기의 학설을 한 번 발표한 이후 이 학설에 관한 색다른 연구발표를 필자는 아직 보지 못했고 이 학설에 반대하는 한의학자(韓醫學者)들 도 이렇다 할 탁설(卓說)을 문자(文字)로 발표하여 준 것은 찾아볼 수 없다. 그러므로 이제마(李濟馬) 씨의 사상의학(四象醫學)을 연구하고 자 하더라도 오직 이 책 한 권에 의거할 수밖에 없으니 이 저서를 저작(咀嚼)하는 데서 어떠한 요령(要領)을 해득(解得)하는 외에 아직까 지는 별도리(別道理)가 없다. 또 사상의학(四象醫學)을 반대하는 입장 에선 보수론자(保守論者)이거나 불가해론자(不可解論者)이거나 간(間)

에 사상의학(四象醫學)의 내용을 검토 음미하자면 그 역시 이 한 권 저서에 빙거(憑據)하여 논의할 수밖에 없을 것이다. 그러나 원저(原著)는 순한문(純漢文)으로 된 저술이라 문맥(文脈)은 간명하나 그 뜻은 심오하여 실제의 원리를 파악하기에는 용이치 않으니 이는 초학자(初學者)로서 누구나 경험하는 고통이라 할 것이다. 그러므로 이제 초학자로서 사상의학(四象醫學)의 이론과 실제를 소개하여 보고자 함에 여러 가지로 곤란한 점이 많음을 느끼게 한다.

첫째, 사상의학(四象醫學)의 원리와 그의 임상적 진단과 치료에 관한 연구는 물론이려니와 사상의학(四象醫學)과 재래(在來)의 구한의학(舊韓醫學)과의 관계라든지 사상의학(四象醫學)과 의학사상 어떠한 의의가 있는가, 사상의학(四象醫學)의 앞으로의 연구과제는 어떠한 것들일까, 또 사상유형(四象類型)의 유전문제(遺傳問題) 사상변증(四象辨證)의 과학적 방법 등에 관한 것들도 우리가 한 번 탐구하여 볼 만한 대상이겠고 사상론(四象論) 성립의 전제로서 인용되는 여러 가지 법칙과 가설 등도 비판하여 봄 직한 과제일 것이다. 여기에는 주로 사상의학(四象醫學)의 소개인데 첫째, 이제마(李濟馬) 씨가 구의학(舊醫學)에 대하여 어떠한 태도를 가졌는가를 밝힘으로써 사상의학(四象醫學)과 구의학(舊醫學)의 관계를 논하여 보고, 둘째, 사상유형(四象類型)과 거기에 따르는 여러 가지 법칙을 소개함으로써 사상유형(四象類型)의 내용을 밝히고, 셋째, 사상의학(四象醫學)과 음양오행설(陰陽五行說)의 관련을 논구(論究)함으로써 사상론(四象論) 원리탐구를 시(試)하여 보고 그 여외(餘外)에 사상의학에서의 약재선용(藥材選用) 방법에 관한 약물학적(藥物學的) 의의라든지 사상인(四象人)의 성정론(性情論), 즉 기질론(氣質論)에 관한 이야기라든지 사상유형(四象類型)과 혈

액형(血液型)의 사이에는 어떠한 관련이 없는가 필자와 몇이서 소수
인원에 대하여 실험하여 본 그 결과보고 같은 것들을 가지고 이여
(爾餘)의 지면을 이용하여 볼까 한다.

2. 사상의학의 창시자

사상의학(四象醫學)을 최초에 제창한 이는 서두에서도 말한 바와 같이 동무(東武) 이제마(李濟馬) 씨이다. 그는 조선말엽 고종 때 사람으로 1836년 3월 19일 함흥(咸興)에서 났다. 이제마 씨는 원래 의학자(醫學者)라고 하느니보다 유학의 권위자로서 유학에 관하여서도 이제마 씨의 독특한 견해를 가지고 있다고 전하나 필자의 힘으로는 여기에 용훼(容喙)할 수 없다.

이제마 씨는 『동의수세보원(東醫壽世保元)』의 저술을 완료하기는 1894년 4월 13일(光緖甲午 4월13일 咸興李濟馬畢書于漢南山中)이니 지금으로부터 꼭 42년 전의 일이다. 이 저술이 간행됨으로 말미암아 한의학(韓醫學)의 원리는 근본적으로 수정을 받게 되었으니 이는 동양의학사상(東洋醫學史上) 커다란 일종의 의학혁명(醫學革命)이라고 보지 않을 수 없다. 이제마 씨의 학설을 비판하는 자의 관점을 따라 여러 가지로 다르겠지만 한의학계(韓醫學界)에 커다란 파문을 던진 것만은 뉘라서 숨길 수 없는 사실이다. 그러므로 이제마 씨는 근세의학계(近世醫學界)의 이채(異彩) 있는 한 개혁자라고 할 수 있으니 사상의학(四象醫學)의 진리를 신봉하는 자는 그를 가리켜 우리의 선구자라고 추앙하게 되고, 사상의학(四象醫學)을 믿지 아니하는 자는 그를 가리켜 동양의학(東洋醫學)의 전통에 비추어보아 확실히 이단이라고 공격하게 되는 것이다. 이제마 씨는 동양의학상(東洋醫學上) 의의 깊은 이 저작을 발표한 지 6년 후인 1900년 9월 21일에 향년(享年) 64세의 일기로 세상을 떠났다.

이제마 씨의 저술은 4권 1책으로 되었으니 제1권은 성정론(性命論) 사단론(四端論), 확충론(擴充論), 장부론(臟腑論) 등의 사상의학(四象醫學)의 총론(總論)이라고 할 수 있는 논술(論述)이요, 이 외의 3권은 각각 소음인(少陰人)편, 소양인(少陽人)편, 태음인(太陰人)편, 태양인(太陽人)편으로 구분되었다.

제1권의 총론(總論)에서 그는 그의 특색 있는 사상의학론(四象醫學論)의 원리를 우리에게 가르쳐 주었고 각론(各論)에서 사상의술(四象醫術)의 실제(實際)를 우리에게 보여주었다. 그러면 이 저작 중에서 이제마(李濟馬) 씨는 구의학(舊醫學)에 대하여 어떠한 태도를 가졌는가 하면 다음의 몇 가지를 지적할 수 있다.

첫째, 그는 고인(古人)의 제학설(諸學說)을 문자 그대로 맹신하지 않았고 자기의 총혜(聰慧)로써 재검토할 것을 잊지 않았다. 무릇 여사(如斯)한 태도를 갖지 않고서야 어찌 자기의 독창적 견지를 개척할 수 있으랴, 이는 당연히 소지(所持)하여야 할 이제마 씨의 학자적 태도라 할 것이다. "옛사람의 설은 그 이치를 살펴볼 수는 있지만 모두 믿을 수는 없다[古人之說은 其理를 有可考而其說은 不可盡信이니라]" 한 그의 말이 곧 이런 태도를 표현한 것이다.

둘째, 그가 고인(古人)의 학설에 맹종하지 않았지만 씨(氏) 이전의 경험은 어디까지든지 존중하였고 그들의 의학사상 공훈(功勳)은 잊지 않았다. 그의 사상론적(四象論的) 형안(炯眼)에 비친 고인(古人)의 오류는 성실히 지적하는 반면에 "고인(古人)의 의학적 경험을 개발하여준 공적이야 어찌 잊을까 보냐"라고 말하였다. 그러므로 이제마 씨는 구한의학(舊韓醫學)은 사상의학(四象醫學)를 낳아준 종주(宗主)로 존경하였고 사상의학(四象醫學) 그것은 새로운 진리로써 그는 사랑하였던 것이다.

> 此書 亦是古人之經驗 而五臟六腑 經絡針法 病證修養之辨 多有所啓發
> 則實是醫家 格致之宗主 而苗脈之所自出也 不可全數其虛誕之罪而 廢其
> 啓發之切也

> 이 책은 또한 옛사람들이 경험한 것으로서 오장육부·경락(經絡)·침구(鍼灸)·병증(病證)·수양(修養)에 관하여 많이 깨우쳐준 바 있으므로 사실상 의학하는 사람들이 격물치지(格物致知)하는 종주(宗主)가 되는 것이요, 또 묘맥(苗脈)이 여기서 나왔다고 하였다. 그러므로 그 전체를 허망한 것으로 책할 것이 아니라 도리어 계발의 공이 크다고 해야 할 것이다.

그러므로 여기서 우리는 구의학(舊醫學)이 없이 사상의학(四象醫學)이 발생할 수 없었다는 것을 알 수 있다. 한의학이 발전하여 내려오는 과정에 있어서 사상의학적(四象醫學的) 소인(素因)을 그 속에 내포하게 된 관계상 필연적으로 사상의학(四象醫學)이 배태(胚胎)하게 되었던 것을 이해할 수 있다.

재래의 한의학(韓醫學)과 사상의학(四象醫學)은 당파적으로 그 연원이 다른 것이 아니라 이제마 씨가 재래의 의학을 총괄적으로 비판하게 될 때 한의학(韓醫學)의 원리는 사상의학적(四象醫學的)으로 개장

(改裝)하지 않으면 안 되리라는 것을 주장하였음에 불과하다. 그러므로 원래의 그 이론을 그대로 존숭(尊崇)하여야 할까, 새로운 사상의 학론(四象醫學論)을 시인하여야 할까 함이 금일 동양의학도(東洋醫學徒)들이 밝혀놓지 않으면 안 될 중요한 과제가 아닐 수 없다.

셋째, 사상의학(四象醫學)은 해론(該論)의 성질상 구파(舊派)에 대하여 사상의학파(四象醫學派) 혹은 신의파(新醫派)라고 분별하여 이야기할 수 있다 하더라도 이제마 씨(氏)는 결코 동양의학을 관찰하는 데 당파적(黨派的) 의도를 가지고 해석하지 않았다. 사상의학(四象醫學)을 후인(後人)이 동양의학의 기생적(枝生的) 한 의파(醫派)로 좁게 생각하는 것은 크게 잘못이다.

왜 그러냐 하면 한의학은 어디까지든지 동일계통의 한 조류로써 사상의학은 동양의학의 일대비약(一大飛躍)이라고 그는 보았기 때문이다. 따라서 자기의 학설은 한의학계에서 고방파(古方派)와 후방파(後方派)와 같은 대립적 입장에 있는 것이 아니라 전면적으로 그의 의학적 기초개념을 고쳐 놓았기 때문에 이제 비로소 우리의 의술적 안계(眼界)는 옛날의 혼돈에서 오늘엔 의술자(醫術者)가 진단과 치료에 임할 때 필요한 선명한 네 개의 행로를 발견하여 주었다고 그는 믿었다.

'혼돈(混沌)에서 선명(鮮明)에로' 사상의학(四象醫學)은 재래의학(在來醫學)의 내용을 개조하여 주었다고 그는 믿었으니 여기에 사상의학(四象醫學)의 의도가 원대한 미래에 향하여 선구자적 입장을 가지게 되는 소이이다.

그가 장중경(張仲景)의 상한론(傷寒論) 중에 있는 병증론(病證論)을 비판할 때 자기의 설과 대조하여 가지고 다음과 같은 뜻으로 이야기하였다.

"장중경 씨(張仲景氏)가 논한 태양병(太陽病), 소양병(少陽病), 양명병(陽明病), 태음병(太陰病), 소음병(少陰病), 궐음병(厥陰病)의 육병증(六病症)은 단순히 그 병증(病症)만을 들어 말하는 것이지만 내가 논하는 태양인(太陽人), 소양인(少陽人), 태음인(太陰人), 소음인(少陰人)의 사상인(四象人)은 그 인물(人物)을 가리켜 말하는 것이다. 그러므로 양자를 태소음양(太少陰陽)의 어구(語句)에 혼미(昏迷)되어 가지고 관찰해서는 안 된다. 병증(病症)을 기초로 하여 관찰할 때는 인물(人物)은 일률적으로 간주하게 되지만 인물의 사상(四象)에는 특정한 병세(病勢)가 그 특정인물에 따르게 되는고로 인물만 변증(辨證)되면 병세집증(病勢執症) 같은 것은 제이의적(第二義的)이다. 그러므로 복잡한 경락(經絡)의 변(變)이라거나 맥법(脈法)의 기묘한 이치 같은 것은 구태여 깊이 캐려고 할 필요가 없는 것이다." 운운[原文略] 이 말을 돌이켜 생각하면 재래(在來)의 의학(醫學)은 사람의 천품(天稟)을 일률적으로 관주(觀做)하여 병세(病勢)의 전변(轉變)에만 착목(着目)함을 탄(嘆)하고 사람의 천품(天稟)은 4개의 유형으로 분류할 수 있으니 천품의 구별이 선결요건이란 것을 분명히 하여 주었다.

'병세집증(病勢執症)에서 인물변증(人物辨證)에로' 의학적(醫學的) 안계(眼界)를 전환시킨 것이 이제마(李濟馬) 씨의 중대한 역할의 하나이었던 것이다. 그러므로 만일 이제마(李濟馬) 씨의 사상론(四象論)이 하나의 망상이라고 하면 그 이상 더 말할 필요도 없거니와 만일 진리로서 우리가 수긍하게 될 때에는 이제마 씨의 학설이 동양의학 내지 세계의학에 기여하는 바 그 공적은 실로 위대하다고 하지 않을 수 없을 것이다.

넷째, 이제마 씨는 구의학(舊醫學)이 너무 외력적(外力的) 원인[풍한서습수곡(風寒暑濕水穀)]에만 편중하여 약물요법(藥物療法)에만 주력한 것을 경계하고 사람의 내재적 정신작용[애오욕희로애락(愛惡欲喜怒哀樂)]의 중요성을 고조(高調)하였다.

蓋古之醫師 不知心之愛惡所欲 喜怒哀樂 偏着者 爲病 而但知脾胃水穀 風寒暑濕 觸犯者 爲病 故其論病論藥全局 都少陰人 脾胃水穀中出來 而 少陽人 胃熱證藥 間或有焉 至於太陰人太陽人 病情則 全昧也 (原文)

대개 옛날 의사들은 사람의 마음에서 생기는 애(愛)·오(惡)·소욕(所欲)·희(喜)·노(怒)·애(哀)·락(樂)과 같은 것이 편착(偏着)되어 병이 되는 줄을 모르고, 단지 음식물로 인하여 비위(脾胃)가 상하거나 또는 풍(風)·한(寒)·서(暑)·습(濕)의 촉상으로 병이 생기는 줄로만 알았다. 그러므로 병을 논하고 약을 논한 것을 보면 대개 소음인(少陰人)의 비위(脾胃)가 약한 데 대한 약방을 만들어냈고, 간혹 소양인(少陽人) 위열증(胃熱證) 약이 있으며, 태음인(太陰人)·태양인(太陽人)의 병증에 대해서는 완전히 몰랐던 것이다.

불안·공포·애욕·초려(焦慮) 등이 건강에 미치는 영향이라든지 생활환경과 심신의 수양 등이 질병에 큰 관계가 있는 것은 오늘의 의사들도 부인하는 것은 아니나 흔히 등한시하기 쉬운 정신적 방면에까지 주의하여 그 중대성을 역설한 것은 아무래도 특기할 만한 그의 의학자적 태도의 하나라 할 것이다. 이러한 태도는 원저 중 각 처에서 산견(散見)할 수 있으니 일례를 들면, 태음인(太陰人) 조열병(燥熱病)을 평론한 일구(一句)에

此病 非必不治之病也 此少年 得病 用藥一周年後 方死. 蓋此病原委 侈
樂無厭 慾火外馳 肝熱大盛 肺燥太枯之故也. 若此安心滌慾一百日 而用
藥則 焉有不治之理乎.

이 병은 반드시 불치의 병은 아니다. 이 청년이 병을 얻고 약을
쓰기 시작한 지 1년 만에 죽었으니 이 병의 원인은 사치와 향락
으로 욕화(慾火)가 밖으로 달려서 간열(肝熱)이 크게 성하고 폐
(肺)가 조(燥)하여 크게 이를 말려버린 까닭이다. 만일 이 청년이
마음을 편안히 갖고 욕심을 씻으면서 백 일 동안 약을 쓰게 되
면 어찌 고치지 못할 리가 있겠는가.

이렇게 정신작용과 생리적 기능과는 불가분의 관계에 있고 이를
치료하는 데는 이에 준하여 병자를 취급할 것을 밝힌 것이다. 구의
학(舊醫學)에는 이러한 태도가 아주 없다는 것은 물론 아니다. 이제
마씨가 특별히 심신합일론(心身合一論)을 더욱 고조(高調)하였다는 것
을 말할 뿐이다. 이제마 씨가 광제설(廣濟說) 같은 심신수양론(心身修
養論)을 원저(原著)의 권말(卷末)에 첨부(添附)하여 심신(心身)의 수양에
필요한 여러 가지 경구(警句)로써 교시(敎示)하여 준 것은 참으로 의
의 있는 일이다. 이제마 씨는 광제설(廣濟說)의 말미에, "천하의 병에
걸린다는 것은 모두 투현질능(妬賢嫉能)에서 나오는 것이요, 천하의
병을 구원한다는 것은 모두 호현락선(好賢樂善)에서 나오는 것이다.
그러므로 투현질능(妬賢嫉能)은 천하에서도 가장 많은 병이요, 호현
락선(好賢樂善)은 천하에서도 아주 큰 약이 되는 것이다"라고 하였으
니 이제마 씨의 기발한 이 일구(一句)를 상기함으로써 이제마 씨의
태도를 짐작할 수 있을 것이다.

다섯째, 이제마 씨는 사상의학(四象醫學)의 민중화를 논하였다. 의
학(醫學)의 특권화(特權化)에 반대하는 '집집마다 의학을 알고 사람마

다 병을 알게 된 것[家家知醫 人人知病]'을 의학의 이상(理想)이라 하
였다. 사상의학(四象醫學)에서 가장 어려운 것은 인물(人物)의 변증(辨
證)이오, 그 여외(餘外)의 의학적 지식은 구의학(舊醫學)에 비하면 실
로 요령(要領)이 정연(整然)하여 근소(僅少)한 노력을 가지고라도 해득
하기가 과히 어렵지 아니하니 가장 통속화(通俗化)하기 용이한 의술
이다. 그러므로 사상의학은 궁극에 가서 민중의술(民衆醫術)로서 통
속화(通俗化)하기를 최고 이상으로 삼는다.

3. 사상(四象)의 어의(語義)

인류(체)장부(人類(體)臟腑) 성리(性理)에 사대유형(四大類型)이 있으니 이제마 씨는 이것을 인류의 사상(四象)이라 하고 이를 통칭하여 사상인 (四象人)이라 하였다. 사상(四象)이란 어구는 음양설(陰陽說)에서 나온 말로 태양(太陽), 소양(少陽), 태음(太陰), 소음(少陰)을 사상(四象)이라 한다.

"태극(太極)은 양의(兩儀), 즉 음양(陰陽)을 낳고 양의(兩儀)는 사상(四象), 즉 태소음양(太少陰陽)을 낳고" 운운하여 풀어나가는 음양설(陰陽說) 중에서 따온 술어이다. 그러므로 사상의학(四象醫學)이란 결국 그 기본 원리는 음양설에서 연역한 것이니 사상(四象)의 원리를 인류의 품부(稟賦)에 이용한 것이 곧 사상의학(四象醫學)이다. 사상(四象)이란 즉 우주 철리(宇宙哲理)의 사대범주(四大範疇)를 지칭하는 말이 아닌가 한다. 인류뿐이 아니라 자연계의 삼라만상을 오로지 사상(四象)의 범주로써 해명하려는 것이 사상론(四象論)의 한 가지 특색이라고 말할 수 있다.

장부(臟腑)의 사상(四象)은 폐비간신(肺脾肝腎)의 네 장기[四臟器]요, 계절의 사상(四象)는 춘하추동이다. 희로애락(喜怒哀樂)은 인정(人情)

의 사편(四偏)이오, 인의예지(仁義禮智)는 인성(人性)의 사단(四端)이다.

이렇게 사상론(四象論)은 분석하고 종합하여 우주철리(宇宙哲理)를 해명하려고 든다.

사상(四象)은 음양에 속하고 음양은 태극에 귀일한다. 사상(四象)이 풀리어 만상을 이루나니 음양론에서 사상(四象)의 의의를 더욱 뚜렷이 고조한 것이 이제마 학설의 임무의 하나였다. 음양설에서 태극을 주체로 보면 일원론(一元論)이라도 음양을 중시하면 이원론(二元論)이 된다. 사상론(四象論)에는 사원론적(四元論的) 의의가 다분히 고조되어 있는 것을 우리는 용이하게 추측할 수 있으나 태극설의 원리를 수정한 것은 아니다. 태극음양설(太極陰陽說)의 주류원리 중에서 특히 사상(四象)을 뽑아서 선명하게 해설하여 놓은 것이 음양설에 대한 이제마 씨의 한 가지 태도가 아니었던가, 그러므로 옛사람은 음양을 중요하게 본 자이었고 이제마 씨는 사상을 더욱 중요하게 본 사원론자(四元論者)라 하지 않을까 생각한다.

다음에 사상(四象)의 우주만상(宇宙萬象)과의 관계를 표로 만들면 다음과 같다. 물론 개략만 뽑아 본 것이다.

태극(太極)				
양의(兩儀)	양(陽)		음(陰)	
사상(四象)	태양(太陽)	소양(少陽)	태음(太陰)	소음(少陰)
천기(天機)	천시(天時)	세회(世會)	인륜(人倫)	지방(地方)
인사(人事)	사무(事務)	교우(交遇)	당여(黨與)	거처(居處)
장기(臟器)	폐(肺)	비(脾)	간(肝)	신(腎)
인정(人情)	노(怒)	애(哀)	낙(樂)	희(喜)
계절(季節)	춘(春)	하(夏)	추(秋)	동(冬)
방위(方位)	동(東)	남(南)	서(西)	북(北)
인욕(人慾)	탐욕(貪慾)	방종(放縱)	투일(偸逸)	식사(飾私)
이하 생략				

4. 사상유형성립(四象類型成立)의 삼대법칙(三大法則)

사상인(四象人)의 유형을 분류할 때 유형성립(類型成立)의 전제로서 하기(下記)의 세 법칙을 인정하지 않으면 불가능하다.

(第一) 유형불변(類型不變)의 법칙

전 인류(全人類)는 반드시 다 각기 자기가 소속한 한 개의 유형이 있다. 이를 가리켜 천품(天稟)이라고 하는데 천품(天稟)은 날 때부터 죽을 때까지 절대로 변하지 않는다. 즉 자기의 천품(天稟)은 선천적으로 부여된 것이라, 후천적 영향에 의하여 다른 유형으로 변화하지 않는다는 것이 이 법칙의 골자다. 만일 이 법칙이 유린(蹂躪)될 때에는 사상의학(四象醫學)은 휴지화(休紙化)할 수밖에 없다. 갑(甲)의 유형이 을(乙)의 유형으로 변화할 수 있다면 사상(四象)의 인물변증(人物辨證)은 하등의 의의를 가질 수 없는 까닭이다. 남자가 여자로 될 수 없듯이 갑형(甲型)이 을형(乙型)으로 변화할 수 없다.

(第二) 예외불허(例外不許)의 법칙

사상인(四象人)의 사대유형(四大類型) 외에 다른 유형을 인정하지 않을 뿐 아니라 사람 치고는 어느 누구나 이 사대유형(四大類型)의 어느 하나에 반드시 소속한다는 것이다. 즉 유형의 예외도 허락치 않는다. "내게는 사대유형(四大類型) 중에 한 가지도 들어맞는 유형이 없다"는 말은 할 수 없다. 자기의 천품(天稟)에 들어맞는 유형이 없는 것이 아니라 사상인(四象人)의 유형변증(類型辨證)이 극난(極難)한 소치(所致)로 간혹 그러한 의념(疑念)을 가지게 되는 때가 있다. 천품(天稟)은 선천적으로 결정된 것이지만 변증(辨證)은 인위적 능력문제라 변증의 곤란은 부득이하다. 혹자는 사상유형(四象類型)의 중간형 설정을 말하기도 하지만 중간형을 설정하게 되면 이 학설의 의의는 즉석에서 소멸되고 만다. 하고(何故)뇨 하면 중간형(中間型)의 중간형을 인정하고 또 그 중간형의 또 중간형을 인정한다면 한이 없음으로써 이다. 자못 동일한 유형에 속한 자라도 병세증후(病勢症候)를 좇아 치료법과 약재선용방법(藥材選用方法)은 여러 가지로 취택(取擇)할 수 있으니 소이(小異)는 있어도 대체(大體)의 원칙에는 변함이 없다.

(第三) 약재혼용불허(藥材混用不許)의 법칙

사상의학(四象醫學)에서는 모든 약재(藥材)를 각기 유형에 따라 구별하였다. 인삼(人蔘)은 소음인에게만 쓰고, 녹용(鹿茸)은 태음인에게, 지황(地黃)은 소양인에 응용(應用)된다고 규정하듯이 모든 약재를 이런 식으로 구별하여서 쓴다. 가령 태음인의 약은 그 이외의 다른 유형인(類型人)에게는 절대로 쓰지 않는다는 것이다. 그러므로 약재(藥材)는 그 유형에 소용되는 외에는 타 유형에는 쓸 수 없다는 것이 곧 약재혼용불허법칙(藥材混用不許法則)의 의의이다.

약재혼용불허(藥材混用不許)라는 말이 약재를 단미(單味)로 쓰라는 말은 아니다. 이 점을 오해하여서는 안 된다. 단미(單味)거나 복미(複味)거나 하등 상관이 없는 것은 구의학과 조금도 다름이 없다.

약성(藥性)에 유독(有毒)한 자가 귀(貴)염을 받으니 이것이 약물의 편성(偏性)을 인정하게 되는 소이(所以)다. 폐비간신(肺脾肝腎)의 네 장기(臟器)에 대하여 각 약물은 각기 편성(偏性)을 따라 구별되나니 자기에게 이로운 자라도 남에게는 해롭다는 생극(生剋)의 이치로 약능(藥能)은 발휘(發揮)된다. 설령 무독담미(無毒淡味)의 식료(食料) 오곡(五穀) 같은 자라도 다소편성(多少偏性)이 없지 않으니 축적되면 유독(有毒)한 편성(偏性)이 나타날 것이다. 인생(人生)은 오미(五味)를 먹고 살며, 오미(五味)를 먹고 죽는다[食五味而生 食五味而死]라 하니 생사(生死)가 오로지 오미에 있는 것보다 유해(有害) 무독(無毒)의 구별이라. 원래 어렵고 어려운 일[難中之難事]이 아닐 수 없다.

5. 사상인(四象人)의 분류

사상인의 유형분류는 유형불변의 법칙과 예외불허의 법칙을 전제로 하고서 규정한 것인데 사단론 중에서 이제마 씨는 여하(如下)히 말하였다.

> "사람이 타고난 장부의 이치에 같지 않은 것에 네 가지가 있는데, 폐(肺)가 크고 간(肝)이 작은 사람을 태양인(太陽人)이라 하고, 간(肝)이 크고 폐(肺)가 작은 사람을 태음인(太陰人)이라 하며, 비(脾)가 크고 신(腎)이 작은 사람을 소양인(少陽人)이라 하고, 신(腎)이 크고 비(脾)가 작은 사람을 소음인(少陰人)이라 한다[人稟臟理有四不同 肺大而肝小者 名曰太陽人 肝大而肺小者 名曰太陰人 脾大而腎小者 名曰少陽人 腎大而脾小者 名曰少陰人]."

이 말을 들어서 생각하면 사상인의 분류를 폐비간신(肺脾肝腎)의 대소(大小)만을 가지고 규정한 듯하지만 이 정의를 이해하자면 원저의 장부론(臟腑論)을 보아야 한다.

첫째, 폐비간신(肺脾肝腎)의 네 장기(臟器)를 단순히 형태학적 기관으로만 간주할 것이 아니라 이들의 생리적 기능을 더욱 요긴하게 보아야 할 것이다. 폐비간신심(肺脾肝腎心)을 오장(五臟)이라 하지만 그중에 심장기(心臟器)는 일신(一身)을 주재한다 하여 우열편의(優劣偏倚)가 없는 중립적 기관으로 보지만 폐비간신(肺脾肝腎)의 네 장기에는 각기 편성(偏性)이 있으니 혹은 폐기(肺氣)가 강성(强盛)하여 간기(肝氣)를 꺾기도 하고 신(腎)의 수기(水氣)가 강성하면 비(脾)의 화기(火氣)[四象과 五行論 참조]가 쇠약하여진다는 등의 성능(性能)을 인정하게 된다. 그러므로 폐비간(肺脾肝)은 형태학적 관념으로 판단하면 하나의 웃음거리지만 형태보다도 기능에 중점을 두면 인체생리기구(人體生理機構)의 종합적 통일현상을 이해하는 데 어떠한 힌트를 얻기가 어렵지 않을 것이다.

둘째, 폐비간신(肺脾肝腎)은 각자가 여러 권솔들을 이끌고 있음을 알아야 한다. 심(心)은 일신(一身)의 가장격이요, 네 장기는 가장 하에 예속된 네 개의 보좌역(補佐役)이요, 그 여외(餘外) 것들은 여기에 따르는 권솔들이니 폐비간신(肺脾肝腎)은 각자가 외딴 살림을 차리고 있는 것이 아니라 심(心)의 일문하(一門下)에서 통제 있는 큰살림을 운전(運轉)하고 있는 것과 같다. 장부론 중에서 이들의 권솔들을 적기(摘記)하여 표기하면 다음과 같다.

```
                 ┌폐(肺)의 계통 ― 피모(皮毛), 두뇌(頭腦), 귀[耳], 혀[舌],
                 │                위완(胃脘)
심(心)(주재자)┤비(脾)의 계통 ― 근(筋), 배려(背膂), 눈[目], 유(乳), 위(胃)
                 ├간(肝)의 계통 ― 육(肉), 요척(腰脊), 코[鼻], 배꼽[臍],
                 │                소장
                 └신(腎)의 계통 ― 골(骨), 방광, 입[口], 전음(前陰), 대장
```

여기서 우리는 폐비간신(肺脾肝腎)의 개념이 훨씬 광대함을 알 수 있다. 각 계열에 관한 논술은 다른 항목에서 이야기하기로 한다.

셋째, 대소(大小)에 대한 개념이니 대소(大小)라고 하면 성급한 이는 오로지 그 형태만을 가리킨 것으로 알기 쉬우나 기능의 성쇠(盛衰)라든지 편성(偏性)의 강약이라든지 내용의 허실(虛實)과 같은 여러 가지 개념이 혼입(混入)된 것으로 보지 않으면 안 된다. 이상의 세 요건을 가지고 필자는 다음과 같은 표를 만들어 본다.

장부(臟腑)\사상인(四象人)	폐(肺)의 당(黨)	비(脾)의 당(黨)	간(肝)의 당(黨)	신(腎)의 당(黨)
태양인형 (太陽人型)	실(강, 성, 대) 實(强, 盛, 大)		허(약, 쇠, 소) 虛(弱, 衰, 小)	
소양인형 (少陽人型)		실(實)		허(虛)
태음인형 (太陰人型)	허(虛)		실(實)	
소음인형 (少陰人型)		허(虛)		실(實)

6. 사상인 장부의 선천적 편성(偏性)과 그의 치료 개념

　사람마다 육체나 정신이 완건(完健)할 때에는 거기에 체질과 성격의 우열편의(優劣偏倚)를 논할 수 없으나 자기의 선천적 소질은 항상 어떠한 방향으로 기울어지기 쉬운 경향을 가지고 있다. 이것을 가리켜 사상인 장부의 편성(偏性)이라고 하는데 가령 소음인은 신대비소(腎大脾小)의 장부(臟腑)를 가진 자이니 언제든지 신기(腎氣)가 성하고 비기(脾氣)가 쇠약하여질 소질(素質)을 가졌다는 것이다. 그러므로 소음인이 건강할 때도 신(腎)은 강하고 비(脾)는 약하다는 것은 아니다. 신강비약(腎强脾弱)이면 이것은 벌써 병이다. 이 편성(偏性)의 개념은 지금 흔히 말하는 소질(素質)의 개념과 같다 할 것이니 결핵성(結核性) 소질(素質)이라면 결핵균(結核菌)에 대한 선천적 감염성이 풍부하다는 뜻과 같이 소음인형은 신성비쇠(腎盛脾衰)의 소질을 선천적으로 가졌다는 것이다.

　원래 후천적 요건을 중요시할 때에는 소질(素質)의 문제는 도외시하기 쉽다. 그러나 사상의학(四象醫學)에서는 소질(素質)의 선천적 요건은 중요시하되 후천적 영향을 무시하는 것은 아니다. 소질(素質)은 근간이요, 환경은 지엽이다.

구의학(舊醫學)이나 현대의학에서는 인류의 소질(素質)을 일색(一色)으로 보고 특수성을 가진 자를 특수체질이라고 보지만 사상의학(四象醫學)에서는 인류를 관찰할 때 처음부터 사색(四色)의 안경을 끼고 보며 사색(四色) 이외에 딴 색(色)을 인정하지 않는다. 철학의 인식론 중에 경험론자들은(존·로크 등의 일파) 인성(人性)의 본유관념을 부정하여 백지설을 주장함과 같이 '소질(素質)의 백지설'이 예전 의학의 근본이라고 말할 수 있지만 사상의학(四象醫學)은 본유소질론(本有素質論)이라고나 할까.

사람이 건강하다는 것은 인체의 모든 장기[오장육부]의 활동이 균형을 보지(保持)한 상태를 가리킨 말이니 이 기능의 균형상태가 한번 파괴될 때에는 각기 편성(偏性)에 따라 혹실혹허(或實或虛)의 병적 상태로 변한다는 것이니 이 편성(偏性)의 네 경향을 가리켜 사상유형(四象類型)의 선천적 편성(偏性)이라 칭하는 것이다. 이 편성(偏性)을 표기하면 상표(上表)와 같다.

여기서 우리에게 의심나는 점은 가령 태음인형은 간실폐허(肝實肺虛)라 하였으니 병은 오로지 간폐(肝肺)에만 있고 비신(脾腎)의 병은 없는가, 소양인에게는 폐간(肺肝)의 병은 없는가 등의 점이다. 그러나 사상인의 편성(偏性)은 병원(病源)의 주체를 밝힌 것으로 치기본(治其本)이란 그 본(本)을 의미한다. 그러므로 보좌적(補佐的) 방계장부(傍係臟腑)는 그 근본 장부를 다스림으로 말미암아 원상회복의 능력이 있다고 본다. 따라서 사상의학(四象醫學)의 치료법의 근본정신은 편성(偏性)를 띤 장기는 약물로써 직접치료를 시(試)하되 보좌장부

(補佐臟腑)의 병은 자연치료를 꾀하는 데 있다고 필자는 본다고 한다.

장부의 오행론적 설명에서 폐비간신심(肺脾肝腎心)의 기능이 상호 관련된 것을 알게 되지만 오행설의 상생상극(相生相克)의 법칙을 가지고 사상인의 편성(偏性)을 해석한다면 사상의학적(四象醫學的) 치본요법(治本療法)의 기본정신은 용이(容易)히 이해할 수 있을 것이다.

치료 유형	약물(藥物) 편성(偏性) 장기(臟器)	자연(自然) 보좌(補佐) 장기(臟器)
태양인형(太陽人型)	폐(肺) 간(肝)	비(脾) 신(腎) 심(心)
태음인형(太陰人型)	간(肝) 폐(肺)	비(脾) 신(腎) 심(心)
소양인형(少陽人型)	비(脾) 신(腎)	폐(肺) 간(肝) 심(心)
소음인형(少陰人型)	신(腎) 비(脾)	폐(肺) 간(肝) 심(心)

그러므로 여기에 사상요법(四象療法)의 치료개념을 잠깐 부기(附記)하면,

치료 { 편성(偏性) 장기(臟器) ― 약물치료[직접]
{ 보좌(補佐) 장기(臟器) ― 자연치료[간접]

로 표현하게 된다. 그런 까닭에 사상치료법(四象治療法)에서 보좌장기(補佐臟器)의 병을 직접 치료한다면 그것은 치본(治本)이 아니라 치기말(治其末)이 될 것이다.

근래의 대증치료법(對症治療法)이란 거의 치기말요법(治其末療法)인데 그의 효과는 일시도호적(一時塗糊的)인 것이 대부분이요, 약물의 부작용이라거나 주증(主症) 외에 여러 가지 부증(副症)이 파생하는 것은 우리가 늘 경험하는 것이다. 마치 곱사[佝僂病]를 고치는데 곱사

등을 매로 치면 곱사는 낫되 허리는 부러진다는 격으로 사상론적 견지에서 보면 찬성할 수 없는 요법들이 많다. 사상인의 보조장기의 부조병증(不調病症)을 자연치료로 아주 방임하는 것은 물론 아니다. 약물선용(藥物選用)에 직접 간접이 있으니 그 선용방법이 각기 다를 뿐이다.

사상인의 편성장부(偏性臟腑)와 그의 치료 개념의 관계를 표기하면 여하(如下)하다.

	유형	편성(소질) 偏性(素質)		보좌 (補佐)	주재 (主宰)
		强盛實大	弱衰虛小		
장부조직	태양인형 (太陽人型)	폐 (肺)	간 (肝)	비(脾) 신(腎)	심(心)
	태음인형 (太陰人型)	간 (肝)	폐 (肺)	비(脾) 신(腎)	심(心)
	소양인형 (少陽人型)	비 (脾)	신 (腎)	폐(肺) 간(肝)	심(心)
	소음인형 (少陰人型)	신 (腎)	비 (脾)	폐(肺) 간(肝)	심(心)

7. 사상인(四象人)의 장부계통론(臟腑系統論)

　사상인(四象人) 유형 분류의 근간이 되는 것은 위에서도 누누이 예거(例擧)한 것과 같이 폐비간신(肺脾肝腎)의 네 기관이다. 그러나 이것을 그 형태학적 개념만을 가지고서는 좀처럼 해득(解得)하지 못할 것이요, 따라서 그 개념은 기능적이어야 할 것과 그 기관의 기능이 또한 광대한 것도 위에서 이미 지적한 바다. 이들의 생리적 기능을 계통 있게 논술한 것이 이제마(李濟馬) 씨의 장부론(臟腑論)이다. 이 논의는 관념론적 술어로 심오한 이론을 전개한 것이니 그 요령을 간명하게 적기(摘記)하기는 심히 곤란한 사업이라 하겠다. 그 전부를 여기에 소개할 수는 없고 후일에 원고를 달리하여 연구하고자 하며 이번에는 네 장기의 계통만을 뽑아서 네 기관의 개념을 파악하는 데 다소 도움을 얻고자 한다.

　먼저 이제마(李濟馬) 씨가 폐비간신(肺脾肝腎)의 역할을 사단론(四端論) 중에서 다음과 같은 구절로 표현한 데가 있다. "폐로써 숨을 내쉬며 간으로써 숨을 들이마시니 폐와 간은 기와 액체를 호흡하는 관문이다. 비(脾)로써 받아들이고 신(腎)으로써 내보내니 비와 신은 물과 곡식을 출납하는 창고다[肺以呼 肝以吸 肝肺者 呼吸氣液之門戶也 脾以納 腎以出 腎脾者 出納水穀之府庫也]"라고, 그러므로 폐와 간은 호흡기능의 지휘자요 비(脾)와 신(腎)은 소화기능의 역군이란 뜻이다. 폐강간약(肺强肝弱)한 태양인(太陽人)에게 일격반위증(噎膈反胃症)이 있는 것은 폐의 기(氣)가 강성한 까닭이오 폐의 호기(呼氣)는 밥알이나 물 같은 것이 기관지 입구를 건드린 재채기로 내쏠 때 감촉할 수 있고 소장(小腸)은 간의 권솔(眷率)이니 영양분의 대부분이 소장에서 흡수되는 것은 간의 호기(吸氣)로 말미암음이겠다.

비실신허(脾實腎虛)한 소양인(少陽人)은 비위(脾胃)가 좋아서 약간 병중(病中)이라도 음식을 잘 다루고 그 반대인 소음인(少陰人)은 잔병에도 구미(口味)를 먼저 잃는다[소음인(少陰人)의 식소증(食消症)은 그렇지 않지만]. 또 위(胃)는 비(脾)의 계통이니 음식이 위 속에 정체되는 것으로 비로소 들이는 것[脾以納]을 집작할 수 있고 대장(大腸)과 방광(膀胱)은 신(腎)의 당(黨)이니 배뇨방분(排尿放糞)은 신으로써 내놓는[腎以出] 일현상(一現象)이다. 사정(射精) 같은 것도 신기(腎氣)의 소위(所爲)로 볼 수 있다.

그러므로 폐와 간을 가리켜 기와 액체를 호흡[呼吸氣液]하는 문호(門戶)라 하였고 비(脾)와 신(腎)을 가리켜 수곡부고(水穀府庫)라 한 것이 아닐까.

장부론(臟腑論) 중에 음식이 소화되는 경로와 수곡(水穀)이 온열한냉(溫熱寒冷)의 사기(四氣)로 변화되는 기전(機轉)을 다음과 같이 설명하였다. "수곡이 위완으로부터 위에 들어가고 위로부터 소장에 들어가고 소장으로부터 대장에 들어가고 대장으로부터 항문으로 나가는

데 마시고 먹었던 모든 것이 위에 쌓여 훈증하여 열기가 되고 소장
에서 소도되어 평담하게 되어 서늘한 기운이 된다. 열기의 가볍고
맑은 것은 위로 위완에 올라가 온기가 되고 서늘한 기운의 탁하고
무거운 것은 아래로 대장으로 내려가 한기가 된다[水穀이 自胃脘而入
于胃하고 自胃而入于小腸하고 自小腸而入于大腸하고 自大腸而出于肛門者
로대 水穀之都數 停畜於胃而薰蒸爲熱氣하고 消導於小腸而平淡爲凉氣라.
熱氣之輕淸者는 上升於胃脘而爲溫氣하고 凉氣之質重者는 下降於大腸而爲
寒氣니라]." 여기에서 위완(胃脘)이란 후두와 식도와 출문(出門)의 총
칭이 아닐까 한다. 음식물이 식도를 거쳐 위(胃)로 들어가서 정축(停
畜)하여 열기(熱氣)가 되고 소장(小腸)을 지날 때 한기(寒氣)가 된다.
열기(熱氣) 중에서도 가볍고 맑은 자는 위로 올라가 온기(溫氣)가 되
고 양기(凉氣) 중에서도 질(質)이 무거운 자는 대장(大腸)으로 내려가
서 한기(寒氣)가 된다 하였으니 이것은 수곡(水穀, 단독히 영양가를
위주로 하는 음식물과는 그 개념이 조금 다르다)이 기화(氣化)하는
실제를 우리에게 가리켜주는 말이다. 이제마(李濟馬) 씨는 더 설명하
기를 "수곡(水穀)의 온기(溫氣)가 상승하는 까닭은 위완(胃脘)이 구비
(口鼻)로 통하였기 때문이요 수곡(水穀)의 한기(寒氣)가 하강하는 까닭
은 대장(大腸)이 항문(肛門)과 통하였기 때문이다. 위(胃)의 형체는 광
대하여 포용함으로 수곡(水穀)의 열기(熱氣)는 정축(停畜)하고 소장(小
腸)의 형체는 협착(狹窄)하여 굴곡(屈曲)되어 있으므로 수곡(水穀)의
한기(寒氣)를 소도(消導)한다"라고, 이는 소화기 계통의 네 기관[위완
(胃脘), 위(胃), 소장(小腸), 대장(大腸)]의 형체와 위치를 밝혀 수곡(水
穀)의 기화기전(氣化機轉)의 연유(緣由)를 해설한 것이다.

이제 수곡(水穀)이 온열한량(溫熱寒凉)의 사기(四氣)로 변화하였으니

그다음에는 이 사기(四氣)가 폐비간신(肺脾肝腎)의 네 계통[四系統]을 어떻게 두루두루 돌아서 소모되는가. 이제마(李濟馬) 씨의 설명은 실로 흥미진진한 바가 있다.

(1) 폐(肺)의 계통(系統)

이 계통은 수곡온기(水穀溫氣)의 통로라 할 수 있다. 위 속의 온기 중에 경청(輕淸)한 것만 상승하여 위완(胃脘)에 와서 온기가 된다 하였으니 위완(胃脘)은 온기가 맨 처음 발 들이는 곳이다. "온기(溫氣)는 위완으로부터 진(津)으로 화[自胃脘而化津]하여 혀 아래로 들어간다[入于舌下]" 하였으니 온기는 벌써 맥(脈) 품에서 진(津)으로 변한다는 뜻이다. 설하(舌下)란 타선(唾線)이요, 진(津)이란 타액(唾液)의 총괄적 술어가 아닐까, 설하(舌下)에서 진(津)은 진해(津海)를 이루나니 진해(津海)는 진(津)의 집이라 하였다. 바다는 물이 고이는 곳이다. 진해(津海)란 진(津)의 호수(湖水)란 뜻이겠지, "진해의 맑은 기운[津海之淸氣]이 귀로 나와 신이 되고[出于耳而爲神] 두뇌에 들어가 이해가 되니[入于頭腦而爲膩海] 이해라는 것[膩海者]은 신이 있는 곳[神之所舍也]이라"고 여기서 신(神)이란 형체가 없으면서도 용(用)이 있는[無形而有用] 일종영기(一種靈氣)로 해석된다.

귀의 청력(聽力)을 뜻함이 아닐까 청력을 이신경(耳神經)의 한 기능으로만 보는 것은 전기(電氣)를 전달하는 철선을 이야기할 때 전기의 존재를 무시하는 것과 흡사한 오류다. 철선(鐵線)은 전기를 전달하는 중개자이듯이 이신경(耳神經)은 신력(神力)[聽力]을 전달하는 철선과 같다 할 것이다.

그러므로 진해(鎭海)의 청기(淸氣) 중에 귀[耳]로 나온 자는 신(神)이 되어 소비되고 두뇌에 들어간 것[入于頭腦]은 이해(膩海)를 이루어 신(神)의 숙소(宿所)가 된다 하였으니 귀에서 소비된 자는 없어지고 그 나머지는 두뇌에 저장된다는 뜻이다. 이해(膩海) 중에 있는 이즙(膩汁)의 맑은 자는 안으로 돌아와서 폐(肺)에 이르고[內歸于肺] 탁재(濁滓)만은 밖으로 피부와 털에 간다[外歸于皮毛]고 하였다. 이상이 온기전변경로(溫氣轉變經路)다. 그러므로 이 경로를 좇아 폐(肺)의 계통을 위완(胃脘), 설하(舌下), 귀[耳], 두뇌(頭腦), 피모(皮毛)로 하고 이들 권솔(眷率)들로 더불어 폐(肺)의 계통은 구성되는 것이다.

水穀溫氣 自胃脘而化津 入于舌下 爲津海 津海者 津之所舍也. 津海之淸氣 出于耳而爲神 入于頭腦而爲膩海 膩海者 神之所舍也. 膩海之膩汁淸者 內歸于肺 濁滓 外歸于皮毛故 胃脘與 舌 耳 頭腦 皮毛 皆肺之黨也(原文)

수곡의 온기가 위완으로부터 진(津)으로 화하여 혀의 아래로 들어가 진해(津海)가 되니 진해란 것은 진이 있는 곳이다. 진해의 맑은 기운이 귀로 나와 신(神)이 되고 두뇌에 들어가 이해가 되니 이해란 것은 신(神)이 있는 곳이다. 이해의 이즙이 맑은 것은 안으로 폐에 돌아가고 흐린 찌끼는 밖으로 피부와 털에 가므로 위완과 혀와 귀와 두뇌와 피부와 털은 다 폐의 무리다.

(2) 비(脾)의 계통(系統)

이 계통은 수곡(水穀) 열기(熱氣)의 계통이다. 수곡(水穀)의 열기는 위에서 고(膏)로 화(化)해 가지고 두 젖가슴 사이[膻間兩乳]로 들어가서는 고해(膏海)를 이룬다 하였다. 고해(膏海)란 유선(乳腺)을 말하는 것이 아닐까, 고해(膏海)의 청(淸)한 자는 눈으로 나와서 기(氣)가 되고[出于目而爲氣] 등성마루[背膂]로 들어가서는 막해(膜海)를 이루나니 막해(膜海)는 기(氣)의 숙사(宿舍)다. 여기에 기(氣)는 신(神)에서와 같이 안력(眼力)의 원동력이 아닐까, 막해(膜海)의 막즙청자(膜汁淸者)는 비(脾)로 들어오고 탁재자(濁滓者)는 근(筋)으로 나가나니 폐(肺)의 계통에서와 같이 위(胃), 양유(兩乳), 눈(目), 배려(背膂), 근(筋)은 다 비(脾)의 당(黨)이라 하여 비(脾)의 개념을 구성한다.

水穀熱氣 自胃而化膏 入于膻間兩乳 爲膏海 膏海者 膏之所舍也. 膏海之淸氣 出于目而爲氣 入于背膂而爲膜海 膜海者 氣之所舍也. 膜海之膜汁淸者 內歸于脾 濁滓 外歸于筋故 胃與兩乳目背膂筋 皆脾之黨也.(原文)

수곡의 열기가 위로부터 고(膏)로 화하여 두 젖 사이로 들어가서 고해(膏海)가 되니 고해라는 것은 고(膏)가 있는 곳이다. 고해의 맑은 기운이 눈으로부터 나와 기가 되고 배려(背膂)에 들어가 막해(膜海)가 되니 막해라는 것은 기가 있는 곳이다. 막해(膜海)의 막즙(膜汁)이 맑은 것은 안으로 비(脾)에 들어가고 탁한 찌꺼기는 밖으로 근(筋)에 가므로 위와 두 젖, 눈과 배려와 근은 모두 비의 무리다.

여기서 일언(一言)할 것은 구의학(舊醫學)에서 오행(五行)과 오장(五臟)과의 관계를 논할 때 비(脾)를 토(土)라 하고 심(心)을 화(火)라 하였지만 그것은 잘못이다. 비기(脾氣)의 계열인 비(脾)를 화(火)로 잡고 심(心)은 중앙의 태극(太極)이니 곳 토(土)가 되어야 할 것이 아닐까 [자세한 설명은 사상론(四象論)과 오행설(五行說)과의 관계를 논할 때 이야기하기로 한다.]

(3) 간(肝)의 계통(系統)

이 계통은 양기(凉氣)의 계열이니 수곡(水穀)의 양기(凉氣)는 소장 (小腸)에서부터 유(油)로 화(化)해 가지고 배꼽[臍]으로 들어가서는 유 해(油海)를 이룬다고 하였다. 유해(油海)란 제복부(臍腹部)를 중심으로 한 개념이니 그 형상(形象)과 범위(範圍)를 찾기가 곤란하다. 유해(油 海)의 청기(淸氣)는 비에서 나와 혈이 된다[出于鼻而爲血]고 하였으니 혈(血)이란 신(神), 기(氣)의 개념과 같이 후각(嗅覺)의 원동체(原動體) 가 아닐까. 혈(血)이란 단순히 혈액[피]을 의미한 것은 아닐 것이다. 혈(血)은 요척(腰脊)으로 들어가서 혈해(血海)를 이루나니 혈해(血海)란 혈(血)의 소사(所舍)인 것은 물론이다. 혈해의 혈즙이 맑은 것[血海之 血汁淸者]은 안으로는 간(肝)으로 들어가고 탁재(濁滓)는 육(肉)의 근 본(根本)이 되므로 소장(小腸), 제(臍), 비(鼻), 요척(腰脊), 육(肉)은 다 간(肝)의 개념을 구성하는 요소들이다.

水穀凉氣 自小腸而化油 入于臍 爲油海 油海者 油之所舍也. 油海之淸 氣 出于鼻而爲血 入于腰脊而爲血海 血海者 血之所舍也. 血海之血汁淸 者 內歸于肝 濁滓 外歸于肉故 小腸與臍鼻腰脊肉 皆肝之黨也.(原文)

음식의 서늘한 기운이 소장으로부터 유(油)로 화하여 배꼽에 들 어가 유해(油海)가 되니 유해라는 것은 유(油)가 있는 곳이다. 유 해의 맑은 기운이 코에서 나와 피가 되고 허리에 들어가 혈해가 되니, 혈해는 피가 있는 곳이다. 혈해의 혈즙이 맑은 것은 안으 로 간에 들어가고 탁한 찌끼는 밖으로 살에 가므로 소장과 배꼽 과 코와 허리와 살은 모두 간의 무리다.

(4) 신(腎)의 계통(系統)

　신(腎)의 계열은 한기(寒氣)의 계통이니 수곡(水穀)의 한기(寒氣)는 대장(大腸)에서 액(液)으로 화(化)하여 전음(前陰)의 틸 난 지경의 속으로 들어가서[入于前陰毛際之內] 액해(液海)를 이룬다 하였으니 액(液)이란 기(氣), 고(固), 액(液)의 그 액체(液體)의 개념과는 좀 다르다. 액해(液海)는 불두덩의 부위에서 방광(膀胱)을 싸고 있는 곳이다. 액해(液海)의 청기(淸氣)는 입으로 나와 정(精)이 되고[出于口而爲精]라 하고 방광으로 들어가 정해가 되니[入于膀胱而爲精海]라 하였다. 정해(精海)는 신(腎)의 근본이니 정력(精力)이 좋다는 말은 곧 정기(精氣)가 좋다는 말이요, 입 큰 이가 기운(氣運)도 세다는 속어(俗語)도 이상의 뜻을 방불(彷彿)하게 하는 듯하다. 기운 좋은 이는 음식도 잘 다루나니 정(精)이란 구미(口味)의 원동력이 또한 아닐까 정해(精海)의 정즙청자(精汁淸者)는 신(腎)으로 들어가서 신(腎)의 근본이 되고 탁재(濁滓)는 골(骨)의 근본이 되나니 대장(大腸), 전음(前陰), 구(口), 방불(膀胱), 골(骨)은 다 신(腎)의 권솔(眷率)들로 신(腎)의 대개념(大槪念)을 구성하는 자들이다.

　　水穀寒氣　自大腸而化液　入于前陰毛際之內　爲液海　液海者　液之所舍也. 液海之淸氣　出于口而爲精　入于膀胱而爲精海　精海者　精之所舍也. 精海之精汁淸者　內歸于腎　濁滓　外歸于骨故　大腸與前陰口膀胱骨　皆腎之黨也.(原文)

　　음식의 찬 기운이 대장으로부터 액으로 화하여 전음(前陰)의 틸 난 지경의 속으로 들어가서 액해(液海)가 되니 액해라는 것은 액이 있는 곳이다. 액해의 맑은 기운이 입으로 나와 정(精)이 되고 방광으로 들어가 정해가 되니 정해라는 것은 정이 있는 곳이다. 정해의 정줍이 맑은 것은 안으로 신에 들어가고 탁한 찌꺼기는 밖으로 뼈에 가므로 대장과 전음과 입과 방광과 뼈는 모두 신의 무리다.

이와 같은 개념으로 사상인(四象人)의 장부(臟腑)를 한열온량(寒熱溫涼)의 사기(四氣)로써 설명한다면 태양인은 폐대간소(肺大肝小)이니 온성량쇠(溫盛涼衰)의 장부로 온장부(溫臟腑)라 할 수 있고 소양인은 비대신소(脾大腎小)하니 열강한약(熱强寒弱)이라 열장부(熱臟腑)라 할 수 있고 태음인은 태양인의 반대로 양성온약(涼盛溫弱)이니 양장부(涼臟腑)라 할 수 있고 소음인은 소양인과 반대이니 한성열허(寒盛熱虛)라 한장부(寒臟腑)라 할 수 있다. 이상의 관계를 아래에 표기한다.

사상유형 (四象類型)	장부대소 (臟腑大小)	사기성약 (四氣盛弱)	장부별칭 (臟腑別稱)
태양인	폐대간소 (肺大肝小)	온성량허 (溫盛涼虛)	온장부 (溫臟腑)
소양인	비대신소 脾大腎小	열성한약 (熱盛寒弱)	열장부 (熱臟腑)
태음인	간대폐소 (肝大肺小)	양성온약 (涼盛溫弱)	양장부 (涼臟腑)
소음인	신대비소 (腎大脾小)	한성열쇠 (寒盛熱衰)	한장부 (寒臟腑)

8. 사상의학과 음양오행설

　　원래 음양설(陰陽說)과 오행설(五行說)은 동양인의 중심사상을 형성한 자이므로 의학에서뿐만 아니라 철학, 정치, 인사, 기타 여러 가지 방면의 기본사상이라 할 수 있다. 이러한 철학적 이념이 동양의학에 끼친바 영향은 적지 않으니 병증의 변별이라거나 약물의 기미(氣味)이거나 장부의 생리에서나 어느 구석에 응용되지 않음이 없다.

　　사상의학(四象醫學)이란 그 어구조차 음양설에서 따온 술어라는 것은 위에서도 말하였거니와 음양이 무엇인가를 이해한 연후에 비로소 장부의 상호관계를 이해할 수 있을 것이다.

　　음양은 태극의 동정(動靜)으로 변별되나니 태극이 동하면 양을 이루고[動則成陽] 정하면 음을 이룬다[靜則成陰]고 하였다. 태극의 개념은 해설이 구구하여 좀처럼 그 정체(正體)를 이해하기 힘드나 음양으로 구별되기 이전의 혼돈상태를 표현함이 아닐까. 서양철학에서 흔히 보는 일원론적 개념과 흡사하니 유심론이나 유물론이 가지는 편의(偏倚)된 일원론이 아니라 서양철학에서 보는 일체양면설(一體兩面

說)과 같은 유라고나 할까, 이 설(說)의 대표자는 스피노사와 스펜사 류(類)이니, 스펜사는 만유(萬有)의 실체를 불가지(不可知)라 하였음과 같이 태극(太極)은 스펜사의 불가지계(不可知界)와 유사한 바가 있는 듯하다. 말하자면 음양 이전의 이념계(理念界)를 태극이라 지칭하였음이 아닐까, 그러므로 양(陽)이란 태극의 동(動)이요 음(陰)이란 태극의 정(靜)이니 태극은 음양의 모체요 우주만상의 실체다. 태극은 음양을 떠나서 있을 수 없고 음양은 태극에로 귀일한다는 뜻이 여기에 있다.

이에 태극은 불편부당(不偏不黨)의 중심체이지만 음양은 벌써 대립적 관계를 가지는 자이다. 이 두 개 대립된 개념이 동양의학에서 그 병증론(病證論)이나 생리학이나 약물학에 인용되었음은 물론이요, 사상의학(四象醫學)에선 그의 유형 분류에 절대로 필요한 개념이 되어 있다고 할 수 있다.

음양의 대립은 다시 네 개의 개념으로 진전하나니 태소음양(太少陰陽)이 곧 그것이다. 사상은 팔괘로 팔괘는 다시 육십사괘로 이리하여 기하급수적으로 말미암아 만유현상(萬有現象)을 이루게 된다. 필자에게는 이러한 철학적 이론을 상세히 설명할 재간도 없고 겨를도 없으나 단순히 사상의학(四象醫學)과 음양설과의 관계를 개략 소개하면,

첫째, 사상의학(四象醫學)는 음양설을 기초로는 하였다 하더라도 그 이론의 진전상 사원론적(四元論的) 색채가 농후함을 알 수 있다.

"오장의 심장[五臟之心]은 중앙의 태극[中央之太極也]이요 오장의 폐비간신[五臟之肺脾肝腎]은 네 가지의 사상[四維之四象也]이니" 운운의 말을 드디어 생각하면 오인(吾人)의 장부는 폐비간신심(肺脾肝腎心)의 오장기(五臟器)와 그 권솔(眷率)들로써 조직된 자인데 그중에서

심(心)만은 중앙이 태극이라 하며 만인일률적(萬人一律的)으로 해석하지만 폐비간신은 네 기둥과 같이 사대장기(四大臟器)의 기능을 우열편의(優劣偏倚)로 좇아서 사상인(四象人)이 분별되는 근본이 됨을 알 수 있다. 그러므로 이제마의 이론은 주로 폐비간신(肺脾肝腎)을 중심으로 이들의 특징과 상호관계를 설명하는 데 힘썼고 이 사대장기(四大臟器)의 이치를 구명하는 곳에 사상의학(四象醫學)의 임무가 있다.

사상의학(四象醫學)이 사원론적 색채가 농후한 관계로 위로는 태극설에 귀일하고 아래로는 만유현상(萬有現象)의 모체요 단계라 할 수 있으니 그러므로 다음의 특색을 연역할 수 있다.

둘째, 음양의 개념이 전보다 선명하여졌다. 인체의 생리기구(生理機構)라거나 병증의 변별이라거나 약물의 기미(氣味) 등은 음양의 두 개 개념으로 설명할 때보다 네 개 범주로 설명하게 되므로 모호하든 점들이 더욱 선명하여질 것은 사실이다. 즉 한(寒)은 음이요, 열(熱)은 양이라면 한중(寒中)에도 한(寒)과 양(凉)이 있고 열중(熱中)에도 온(溫)과 열(熱)로 나누게 되면 그 개념이 더욱 똑똑하여 질 것이 아닌가. 즉 일률적 모호에서 네 개의 똑똑한 입장을 얻게 된 것이다.

셋째, 만상(萬象)의 산란(散亂)에서 구원을 얻게 될 것이다. 음양이 발전하여 만상을 형성하는 한 길을 네 개의 진로로써 구분하였으니 산란한 만상에 사획(四劃)을 그어 스스로 나아갈 길을 밝혀주었다 할 것이다. 그러므로 사상의학(四象醫學)는 음양론 중에서도 특히 사상론(四象論)이라 지칭함이 옳을 줄 안다. 즉 사상(四象)을 모든 이론과 실체의 주체로 하고 위로는 사상이론(四象理論)의 원류를 캐고 아래로는 사상이론(四象理論)의 발전을 꾀함이 금후 사상의학도(四象醫學徒)들이 가져야 할 태도라 할 것이다.

다음으로 사상장부(四象臟腑)의 오행론적 관계를 이야기하여 보겠다. 구의학에서의 장부조직의 오행론적 설명은 지루하게 여기에 쓸 필요도 없고 조헌영씨저(趙憲泳氏著)『통속한의학원론(通俗漢醫學原論)』의 『장부편(臟腑篇)』을 참고하기 바라며 여기에서는 사상의학(四象醫學)과 구의학과의 사이에 오행론을 취급하는 데 어떻게 다른가만 개략 설명하여 볼까 한다.

오행은 금・목・수・화・토의 다섯 원소를 가리킨 것이니 고대 희랍철학의 초창기에 이와 유사한 우주관을 창도(唱導)한 자가 많다. 그중 유사한 자는 만유(萬有)의 근원을 지(地), 수(水), 화(火), 풍(風)의 사원소(四元素)라 하고 애증(愛憎)의 이동력(二動力)에 의하여 이합(離合)하는 현상이 곧 이 현실계라고 말한 엠페도클레스라 하겠다. 그러나 이때의 우주론적 물리관 시대의 지(地), 수(水), 화(火), 풍(風) 등의 개념과 오행론적 요소의 개념과는 결코 동시에 논할 수 없다. 하나는 유물론적이요 자연과학적인 반면에 다른 하나는 유심론적이요 관념론적이기 때문이다.

금・목・수・화・토의 개념은 여하간에 우선 그들의 장부 설명에서의 신구의학(新舊醫學)의 상이점을 표시하여 보면 다음과 같다.

신구의학 \ 장부	심의 계열	폐의 계열	비의 계열	간의 계열	신의 계열
구 의 학	화	금	토	목	수
사상의학	토	목	화	금	수

(1) 심(心)의 계열

심(心)을 옛사람은 화(火)라 하였지만 사상의학(四象醫學)에서는 토(土)라 하였다. 토(土)는 중앙에 속하였고 심(心)은 중앙의 태극(太極)이다. 금(金)·목(木)·수(水)·화(火)가 오로지 토(土)의 사우(四隅)에 속하는 자이니 오인(吾人)의 장부(臟腑)에서도 심(心)이 곧 인체생리기능의 군주라 함과 같다. 즉 혈액은 생리기능의 원동력이요, 심장은 혈액의 원천임과 같고 심(心)은 마음 혹은 정신작용 심리현상의 총괄적 개념이라고도 할 수 있으니 심(心)의 활동은 스스로 인체의 활동을 좌우하는 주재자인 것이다. 그러나 옛 구학(醫學)에서는 비(脾) 계열을 토(土)라 하여 치료 근본을 비(脾)로 잡은 까닭에 천래(天來)의 비약자(脾弱者)인 소음인에 대한 의학 경험만이 풍부한 것은 그 까닭이 여기에 있다.

그러나 사상의학(四象醫學)에서는 심(心)을 토(土)라 하였기 때문에 희로애락(喜怒哀樂)과 애오욕(愛惡慾)의 인성(人性)의 편착(偏着)을 더욱 중요한 병원(病源)의 하나로 보게 되었다.

그러므로 심(心)의 계열은 혈액의 원천일 뿐 아니라 심리현상의 주재자인 것도 우리는 알아야 한다.

(2) 폐(肺)의 계열과 간(肝)의 계열

옛사람은 폐(肺)를 금(金)이라 하고 간(肝)을 목(木)이라 하였으나 사상의학(四象醫學)에서는 이것을 뒤바꿔 놓았다. 그 까닭은 목(木)과 금(金)의 개념이 목(木)은 동적(動的)이요 생장의 의미가 다분히 있고 금(金)은 정적(靜的)이요 수장(收藏)의 의미가 많다. 그런데 폐(肺)는 온성장부(溫性臟腑)의 당수(黨首)이며 그 활동이 초복(草木)의 동화작용(同化作用)에서 보는 것과 같이 잠시도 쉴 사이가 없는 생동적이다. 그러므로 목(木)에 해당한다고 간주할 수 있고 간(肝)은 양기(涼氣)의 계열이니 전분(澱粉)의 저장이 그 역할임과 같이 그 활동은 비교적 정(靜)이기 때문에 금(金)으로 보는 이유의 하나가 된다. 폐간(肺肝)의 위치로 보아도 폐(肺)는 상초(上焦)에 있으니 초목(草木)의 지엽(枝葉)과 같고 간(肝)은 중하초(中下焦)에 있으니 지하의 근경(根莖)이나 금석(金石)과 같다. 그리고 장부들의 상생상극적 관계로 보더라도 이상의 관계를 바꿔 놓는 것이 설명하기에 여러 가지로 편리하고 실제도 또한 그러하다.

(3) 비(脾)의 계열

비(脾)를 화(火)로 보는 까닭은 비(脾)는 열기(熱氣)의 계열이기 때문이다. 옛사람이 심화(心火)라 하는 것은 잘못이다. 천래(天來)의 비약자(脾弱者)인 소음인에게는 관계(官桂), 부자(附子), 건강류(乾薑類)의 열성약물(熱性藥物)을 마음놓고 쓸 수 있는 까닭은 소음인에게는 비화[脾火, 양기(陽氣)]가 부족하여 그 장부가 한장부(寒臟腑)인 까닭이요, 천래(天來)의 비기(脾氣)가 성한 소양인에게는 석고(石膏), 택사(澤瀉), 복령(茯苓) 등의 한성약물(寒性藥物)을 쓰게 되는 것은 그 장부가 열장부(熱臟腑)인 까닭이다. 옛사람이 소음인의 열기를 치기 위하여 한량성(寒凉性) 약재를 남용하여 실패를 보는 것은 소음인의 비기(脾氣)를 더욱 깎는 까닭이다. 소음인은 비화(脾火)가 약한 자이니 삼십

팔(三十八), 구도(九度)의 체열(體熱)이 있을 때도 인삼 부자(附子) 관계(官桂)를 써야만 되는 것은 사상의학자가 아니면 하기 어려운 일일 것이다.

(4) 신(腎)의 계열

신(腎)의 계열을 수(水)로 보는 것은 신구(新舊)가 일반이다. 이것만은 양자가 다 공통된 견해를 가지고 있으니 더 설명할 필요는 없다.

이제 상생법칙과 상극법칙을 사상의학(四象醫學)에서는 어떻게 취급하는가, 물론 이들이 순환법칙임은 시인하지만 천품(天稟)의 편성(偏性)을 기초로 하여 각 유형분류에 인용되는 두 장부를 주체로 하고 이여(爾餘) 장기는 객체로 하여 논하는 것이니 그 역할이 어느 것은 뚜렷하되 어느 것은 단순한 보좌의 입장에만 서게 된다. 다시 말하면 법칙의 순환은 일률적이라도 그 지위에는 경중이 있다는 뜻이다. 태음인의 장부를 일례로 하여 다음에 표기하면,

① 폐를 주체로 하여 생각할 때

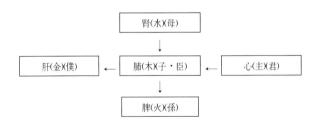

② 간을 주체로 하여 생각할 때

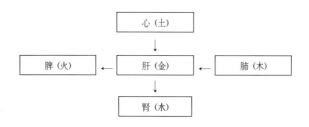

이상의 표에서 폐간(肺肝)은 목(木)과 금(金)이니 간강폐약(肝強肺弱)이 될 것이므로 태음인 장부가 성립되는 것은 용이(容易)히 이해할 수 있으나 어찌하여 금극목(金克木)의 관계에 폐간약(肺肝弱)의 태양인 장부가 성립될 수 있을까 하는 의문을 가지는 이도 있을 것이다.

그러나 상극관계는 군신 주복(主僕)의 관계와 흡사하니 군주는 신민(臣民)에게서 세금을 받고 주인은 복자(僕子)에게서 노역을 빼앗는 입장과 같다. 그러한 입장은 용허(容許)하되 위정자로써 신민(臣民)의 세력이 강성할 때 탐관오리의 행패를 함부로 할 수 없듯이 장부의 편성(偏性)은 천품이라, 폐기(肺氣)의 강성을 약한 군주의 힘으로는 신민의 세금은 수납하되 폐기(肺氣)의 자유만은 꺾지 못하는 영국황제식의 입헌정치라 할 것이다.

또한 상생상극의 두 법칙이 기실 동일한 법칙이라고 할 수 있다. 동일한 순환관계를 설명하는 방법이 하나는 모자(母子)의 관계와 같이 순리로운 양육이요, 또 하나는 주복관계(主僕關係)와 같이 강제적 탈취라 할 수 있다. 하나를 위하여 다른 하나가 의식적으로 희생하여 남을 살리느냐, 강제적으로 탈취하여 자기만 잘 사느냐의 구별이 있을 뿐이다. 그들 세력의 상호관계는 동일한 내용의 것이 아닐까 필자는 추측한다. 인간의 육체를 일국가나 사회로 비유할 때 그들 구성분자들의 관계에는 모자(母子)와 같은 골육[骨肉, 상생(相生)] 관계도 있을 것이요, 군신(君臣)과 같은 의무적[義務的, 상극(相克)] 관계도 있음과 같다. 일(一)은 정의적(情誼的)이요 일(一)은 무단적(武斷的)이니 문무(文武)의 관계가 그들 연대성을 더욱 긴밀히 하게 하는 소이도 있다.

9. 사상인(四象人)의 병증과 약물 분류

　이제마는 사상인(四象人)의 병증을 논술할 때 주로 장중경(張仲景)의 상한병증론(傷寒病證論)에 의거하여 이것을 사상의학적 견지에서 비판하였다. 상한(傷寒)이란[오쿠다 겐쿠라(奧田兼藏)씨의 상한론강의(傷寒論講義)—한방과 한약제1호—에 의하면] 원래 어떠한 병독(病毒) 때문에 상한(傷寒)을 입어서 발병하는 전기의 총칭이라 하였다. 그런 고로 유일의 질병에 한한 일병명(一病名)이 아니다.

　그러므로 이제마의 상한론(傷寒論)은 사상인의 상한론(傷寒論)이니 각기 유형에 따르는 특정 병세 증후의 기전(機轉)을 총칭한 것이다. 소음인에게는 소음인 독특의 질병기전(疾病機轉)이 있고 태음인에게는 태음인 특이의 증후기전(症候變轉)이 있음을 명백히 하여준 것이다. 장중경은 저 위에서 인용한 바와 같이 육병증(六病症)을 분류하였지만 이제마는 하표(下表)와 여(如)한 병론(病論)을 분류하였다.

유 형	사상상한(이제마) 四象傷寒(李濟馬)	장중경상한 張仲景傷寒
소음인형 少陰人型	신수열표열증 腎受熱表熱病 위수한리한병 胃受寒裏寒病	태음, 소음, 궐음증 太陰, 少陰, 厥陰症
소양인형 少陽人型	비수한표한병 脾受寒表寒病 위수열리열병 胃受熱裏熱病	소양증 少陽症
태음인형 太陰人型	위완수한표한병 胃脘受寒表寒病 간수열리열병 肝受熱裏熱病	양명병 태양증 陽明病 太陽症
태양인형 太陽人型	외감요척병 外感腰脊病 내촉소장병 內觸小腸病	

　사상상한(四象傷寒)의 증세기전(症勢機轉)은 장중경외(張仲景外) 제고의(諸古醫)들의 학설을 비판도 하고 자기의 독창적 증험으로 논의도 하며 스스로 치료의 길을 논술하였다. 여기에는 너무 전문적 지루함을 피하려 하지만 이러한 사상상한(四象傷寒)의 증상을 따라서 약물 선용에 있어서도 약재혼용불허(藥材混用不許)의 법칙을 이용하게 되는 관계상 이 법칙의 활용상의 정신과 범위를 잠깐 밝혀볼까 한다.

　첫째, 유형의 선천적 소질(素質)을 기본으로 하여 약재를 선택한다. 가령 병세의 증후는 외현상(外顯上) 유사하더라도 그의 천품(天稟)이 다를 때에는 투여하는 약재가 스스로 달라진다. 일례를 들면 소음인의 발열, 오한, 발한 등 증(症)에는 체열이 높더라도 관계(官桂) 부자(附子) 인삼을 쓸 때가 있고, 태음인에게는 갈근 마황으로 발표(發表)

하거나 변비가 따르면 대황 등속으로 사하(瀉下)를 꾀한다. 소양인에게는 석고(石膏) 지모(知母)류를 쓰나 소음인에게는 절대금물이다. 뜨거운 것으로 열을 다스리는 것[以熱治熱], 찬 것으로 열을 다스리는 것[以寒治熱]의 분기점은 오로지 그 천품(天稟)에 달렸다.

둘째, 생리적 기능의 종합통일성을 존중하여 약재를 선용한다. 발열이면 '아스피린'이라는 성급한 대중투약(對症投藥)이 아니라 생리적 기조를 주안으로 하여 열의 발산, 사하(瀉下)가 생리기능과 상반되지 않게 신중히 투약한다.

상한(傷寒)이란 원래 생리적 변동기전(變動機轉)이니 외력적(外力的) 원인의 구축(驅逐)도 좋으나 이는 왕왕 별증(別症)의 파생이 염려되는 때가 많다. 병증이란 마치 체력과 외인과의 전투로 체력이 패전하는 현상에 비할 수 있으니 자력으로써 적을 쫓느냐, 일시적 연막(煙幕)으로써 적을 만착(瞞着)케 하느냐. 이 점에서 시술자(施術者)의 태도가 분간되는 것이다. 동양의술에선 주로 후자를 투(投)한다.

셋째, 사상의학(四象醫學)에서 약효의 특이성을 인정하지 않는다. 따라서 특이체질의 개념이 자연히 달라진다.

가령 인삼의 일례를 들면 인삼은 소음인에겐 영약(靈藥)이라도 다른 유형에게는 특이성을 가졌다 하리라. 그러므로 소음인 유형 외의 다른 유형은 인삼의 특이체질자라 할 것이니 모든 약재가 다른 유형에게는 특이성을 가지고 약력(藥力)이 무효하거나 심하면 유해하게 된다는 것이다.

그런 까닭에 약재의 특이성은 상대자 여하에 따라서 좌우될 것이니 특별히 인정할 필요도 없거니와 또한 무시할 수도 없다.

전 인류의 유형이 변별되면 약물 특이성은 자연 몰각(沒覺)해도 좋지만, 그 전에는 특별히 더욱 주의하여야 하는 까닭은 전인류가 다―모든 약물에 대한 특이체질자라고 할 수 있기 때문이다.

그러므로 이제마는 사상인용약(四象人用藥)을 신중히 할 것을 경계하여 여하(如下)히 말하였다.

인물용약(人物形容)을 자세히 상량(商量)하고 병증(病證)을 상호참작하여 의념(疑念)이 없거든 약을 쓰되 결단코 경홀(輕忽)히 일첩약(一貼藥)인들 투약해서는 안 된다. 중병험증(重病險證)에 시약을 그르치면 일첩약(一貼藥)이 능히 사람을 죽일 것이다(原著百四十而).

이것이 사상의술이 옛사람들의 의술과 달리 용약(用藥)이 또한 편벽(偏僻)된 까닭에 유달리 주의를 요하는 까닭이 된다.

무릇 특효약이란 자는 별생기증(別生奇證)[부작용]을 각오한 경우에는 구태여 그 사용을 말리지 않으나 그러나 부작용이 없는 특효약을 두고도 그것을 사용치 않고 다른 것을 쓰려 함은 어리석은 일이다.

무릇 어느 특효약을 물론하고 만인일률적(萬人一律的)인 것은 필자의 천견(淺見)으로는 아직 보지 못했다. 어느 약물이든지 저 가진 약성(藥性)대로 제구실을 충실히 닮지 않음이 없으되 우리의 체질은 까다롭다. 여기에 약물선용(藥物選用)의 난점이 있는 것이다.

그러므로 약물의 약효를 규정할 때 현대 약학자나 약리학자들이 범하는 오류는 약성의 충직(忠直)함만 알고 체질의 영납(迎納)이 까다로운 것은 모르는 데 있다.

약리약물의 연구는 언제나 인체의 체질을 존중하여야 할 것이요 독극약(毒劇藥)의 인체반응정도[극량(極量)]의 연구도 인물의 특성을 존중하여야 하나 연구의 편의만을 좇아 동물대비시험(動物對比試驗)에 의하는 것 같은 것은 어찌 좀 어설픈 것 같다. 오늘의 약리학자의 인류체질에 대한 암매(闇昧)는 언제나 계몽될지!

부자(附子)가 열제(熱劑)라 하시만 이제마는 소아한다망양증(小兒汗多亡陽證)에 대범팔양중(大凡八兩重)을 일 개월 동안에 쓴 치험례(治驗例)가 있고 파두(巴豆), 대황(大黃), 남성(南星) 등도 제 길을 밟으면 독성(毒性)이 도리어 성약(聖藥)이 된다.

그러므로 약은 독성이 없이는 제구실을 하지 못하나니 독과 약의 구별은 선명치 못한 것이다. 일례를 들면[필자가 직접소견(直接所見)한 것은 아니나] 파두(巴豆)는 극성(劇性)이 있으니 남용을 불허하는 약재이지마는 쥐가 먹으면 비대해진다[鼠食則肥大]라 하여 쥐에게는 고량진미이니 쥐의 호이(好餌)가 사람에게는 유해하다는 동물시험의 면목(面目)은 어디 가서 찾을 것인가! 우리는 약의 독성을 두려워할 필요는 없다.

사람에게도 쥐와 같이 파두(巴豆)의 독성을 영합(迎合)할 수 있는 자가 있음을 알아야 한다. 이제 체질분류(體質分類)의 긴요함을 느끼지 않을 수 없다는 것이다.

구충제는 인체에 하등의 영향이 없거나 그 영향이 미미한 것을 조건으로 하나니 기생충에게는 살인약이라고 말할 수 있을[可謂殺人藥(卽殺蟲)]지라도 인체에 영향이 없기를 바라는 것은 약리(藥理)의 편성(偏性)을 전제로 한 것이 아닌가!

회충(蛔蟲)의 체질과 인체와는 달라도 개나 양, 쥐와 사람과는 다르지 않다면 될 말인가, 우리가 기생충을 구제(驅除)할 목적으로 특효약 산도닌, 면마(棉馬)엑기스 등을 쓰더라도 말릴 필요는 없다고 그들은 말하기 때문이다.

사상의학(四象醫學)은 어디까지든지 인체생리기구(人體生理機構)의 종합성과 통일작용을 존중하기 때문에 이에 변조(變調)만 없다면 어떠한 특효약이라도 영합(迎合)할 아량이 있다. 파두(巴豆)가 소양인이 쓸 수 있는 치험(治驗)만 있다면 약재혼용불허(藥材混用不許)의 법칙을 포기할 용의도 있다.

요컨대 우리의 천품적(天稟的) 체질을 중요시하는 입장에서 약리(藥理)의 연구와 특효약의 탐색을 사상의학도(四象醫學徒)의 한 사람인 필자로서는 희망하지 않을 수 없다.

10. 사상인(四象人)의 심성론

　사상의학론을 대별(大別)하면 체질론과 기질론(성정론 혹은 심성론)이라 할 것이다. 체질론은 의료적(醫療的)이요 기질론은 정신적이다. 정신작용, 즉 심성이 신체에 미치는 영향은 긴밀하고도 심대하니 정신은 동력(動力)이요 육체는 기계라 할 수 있다. 동력 없는 기계는 활동할 수 없고 기계 없는 동력만은 무능한 것이다. 사상인의 기질, 즉 심성의 연구는 체질의 연구에 지지 않을 만치 중요한 까닭은 이 양자의 관계는 밀접하여 심성의 귀취(歸趣)가 체질을 규정하고 체질품부(體質稟賦) 여하가 심성의 동향에 영향하는 까닭이다.

　이는 심리학상(心理學上) 심신병행설(心身倂行說)이 가지는 입장과 같을까 한다. 다소 범신론적 색채가 깊다 할 것이니 그들은 말하기를 의식과정과 신경과정이 단순히 평행(平行)한다고만 할 수 없고 상호인과 관계에 있다고 말한다. 일체의 외적 과정에는 이와 병행하여 내적 과정이 있고 일절(一切)의 내적 과정에는 이와 병행하여 외적 과정이 따른다는 견해와 흡사하니 물체에도 심성을 부여하고 심성도 스스로 물체를 가진다는 범신론적 해석과 유사함을 느낄 수 있다.

　사람의 기질을 두 가지로 대별하면 음인(陰人)과 양인(陽人)이라 할 것이다. 하나는 정신적이요 사려적이지만 다른 하나는 동적이요 외현적(外顯的)이다. 이것은 융(Jung) 씨가 인격형(人格型)을 외향성과 내향성의 이대형(二大型)으로 분류하였음과 상통되는 곳이 없지 않다. 얼핏 생각하면 양인(陽人)은 외향성에 해당하고 음인(陰人)은 내향성에 가까우리라고 추량(推量)하겠으나 아무 저작(咀嚼)도 없이 바로 그렇게 들어 맞추기는 쉬우나 그들의 내용에는 상거(相距)가 있으니 좀 경솔한 판단이라 할 것이다. 그 이유는 외향성은 외계의 자극에 감응하기 쉬우니 감정적이라 할 수 있고 내향성은 자기의 주관을 세워 사고반성의 보수적 태도를 가지는 자이니 의지적이라 할 것인데 음인 중에도 소음인은 다소 감정적 기질의 소유자이요 태음인은 의지적 기질의 성품이 많음을 보아 성급한 대조는 좀 위험하리라는 것이다.

　먼저 희로애락의 네 심성의 특색을 잠깐 탐구하자면 희로애락은 인성의 사편(四偏)이니 희로(哀怒)의 두 기는 양기의 발동에 의한 것이요. 희락(喜樂)의 두 기는 음기의 소견인 것이다. 그 이유는 희로(哀怒)의 기는 상승지기(上升之氣)이니 양이요. 희락(喜樂)의 기는 하강지기(下降之氣)이니 음이라고 이제마는 말하였다. 희로애락의 사기(四氣)가 상승 혹 하강하는 형태를 이제마는 직횡방함(直橫放陷)의 네 자로써 하(下)와 여(如)히 표현하였다.

　"애기(哀氣)는 직승(直升)이요 노기(怒氣)는 횡승(橫升)이요 희기(喜氣)는 방강(放降)이요 낙기(樂氣)는 함강(陷降)이니라"라고

　여기서 오인(吾人)은 희로애락의 음양소속을 알 수 있거니와 애로(哀怒)의 기는 양이라 하지만 그가 외향성인 것은 아니요 희로(喜怒)

의 기가 음이라 하되 그가 내향성인 것은 아니다. 차라리 이에 준하여 오인(吾人)으로 하여금 분류케 한다면 하(下)와 여(如)한 표가 될까 한다.

```
                            ┌ 감정적(哀)
              ┌ 상향성(陽)┤
              │             └ 의지적(怒)
      기질┤
              │             ┌ 감정적(喜)
              └ 하향성(陰)┤
                            └ 의지적(樂)
```

내용은 좀 다르나 융(Jung) 씨의 내외를 상하로 바꾸어 표현함이 좋지 아니할까 필자는 생각하는 까닭이다.

심성과 장부의 관계에 있어서 각기 유형에 따라 촉급한 편성(偏性)이 있으니 촉급한 그 편성(偏性)으로 인하여 삭감되는 장기를 들면 아래와 같다.

유 형 \ 구 별	촉급한 성정	삭감(削減)되는 장부(臟腑)
태양인	노정(怒情)	간(肝)
태음인	낙정(樂情)	폐(肺)
소양인	애정(哀情)	신(腎)
소음인	희정(喜情)	비(脾)

그러므로 각기 편급(偏急)한 성정이 그들의 기질의 근본이 된다 하였으니 희로애락(喜怒哀樂)을 중심으로 기질을 다음과 같이 구별하여 보았다.

```
             ┌ 태양인-怒性의 人-意志的  ┐상향성
             │ 소양인-哀性의 人-感情的  │(적극적)
       사상인 ┤
             │ 태음인-樂性의 人-意志的  ┐하향성
             └ 소음인-喜性의 人-感情的  │(소극적)
```

　그러므로 태음인과 태양인은 의지적이요 소양인과 소음인은 감정
적이라 할 수 있다.

　이것을 '히포크라테스' 씨 이래 '문드' 씨와 칸트 씨 등 일파가 구
분한 네 개 기질유형[四個氣質類型]과 대비하면 여하(如下)한 미완성
의 일표(一表)를 얻을 수 있다.

기질	감정적 기질	다혈질 신경질	소양인 소음인	애(哀) 희(喜)
	(의지) 활동적 기질	담즙질 점액질	태양인 태음인	노(怒) 낙(樂)

　이에 희로양성(喜哀兩性)이 감정적인 것과 낙노양성(樂怒兩性)이 의
지적인 것을 잠깐 밝혀 보자.

　첫째, 애(哀)와 희(喜)는 다 감정적이니 애기(哀氣)가 인성의 감상적
인 일면인 것은 눈물이 어린애와 여자에게 더욱 많은 것을 보아도
알고 이것이 감상적 울기(鬱氣)의 표현임으로 보아서 피상적이요 순
간적이다. 사람에게는 누구에게나 희로애락의 사기(四氣)가 양(量)의
다소에 차이는 있더라도 아주 없기야 하랴마는 더욱 애성(哀性)이 촉
급한 자는 소양인의 품부를 타고난 자라 한다. 다혈질은 외계자극(外
界刺戟)에 신속히 감응하나 심각치 않고 영속하지 않는다니 이것이
곧 애성(哀性)의 일면이 아닌가 생각한다.

둘째, 희기(喜氣) 또한 인성의 소극적 감정의 일면이니 소음인 기질의 특성이다. 희기(喜氣)는 사교적 안소(顔笑)의 표정에서 우리는 흔히 감촉할 수 있는 자이다. 낙성(樂性)의 심각미(深刻味)에 비하여 도리어 천박한 웃음이 아닐까 한다. 곧 웃었다 곧 꺼질 수 있는 기쁨이 곧 희성(喜性)이 아닌가, 개똥이 바람에 굴러가는 것만 보아도 우스워 못 견디는 류가 희성(喜性)의 일면이 아닐까, 그러므로 희성(喜性)이 감정적이라는 소이이다.

셋째, 노성(怒性)과 낙성(樂性)은 의지적이니 노기는 그의 대상을 구하는 데에서 그의 적극성을 엿볼 수 있다. 슬픔은 혼자도 되지만 대상이 없는 분노는 있을 수 없다. 분노의 정은 무엇을 하고자 하는 욕심의 발로로써 대상자의 굴복을 요구하는 자이다. 노정(怒情)은 남성적이요 애성(哀性)은 여성적이니 애성(哀性)은 사람의 동정(同情)을 끌고 노성(怒性)은 만물을 전율케 한다.

감정적(感情的) 노정(怒情)은 영속치 않으니 이것은 '나는 그대가 밉다'라든가 혹은 여자가 사물에 불만을 느낄 때 '왜 이래'의 정도이면 모르지만 '나는 너를 죽이고야 말 테다'라든가 '이러한 것은 부셔버려야 한다'라든가의 유는 확실히 적극적이요 또 의지적인 것을 알 수 있다. 심각한 노정(怒情)의 발로는 흔히 감정적 행위로 보기 쉬우나 그의 능동적 행위는 확실히 의지적인 것이다.

넷째, 낙정(樂情)은 의지적이니 낙정은 은근히 즐겁다는 유이다. 먼 곳에서 오래 그리던 애인을 만날 때 가슴이 울렁거리는 것은 이것을 낙(樂情)이라 할 수 있다. 얼굴에 표현하지는 않아도 자연 우리는 기쁨에 취하는 때가 있다.

노성(怒性)의 발로로 대상을 굴복한 후의 만족한 법열(法悅)을 느끼는 따위도 낙성(樂性)의 하나가 아닐까, 그러므로 낙성(樂性)은 심각하고 영속적인 자이니 낙정(樂情)의 이유를 그는 느낀다. 이유 없이 '하하'[哈] 웃을 수는 있어도 이유 없이 즐거워할 수는 없다. 희락(喜樂)의 구별이 여기에 있지 않은가 필자는 생각한다. 그러므로 낙정(樂情)은 기쁨의 이유를 스스로 캐어가면서 '아, 좋은 일이다', '너를 보니 반갑다' 따위의 의식적 판단을 내린다. 여기서 낙정(樂情)의 의지성을 짐작할 수 있을 것이다.

이상 미비한 설명을 가지고라도 희로애락(喜怒哀樂)의 본질은 대강 추리할 수 있을까 한다. 따라서 사상인(四象人)의 편성(偏性)의 특질을 또한 짐작하리니 이 외에도 사상인의 재간(材幹), 성질, 감수성 등 여러 가지로 평론할 수 있겠으나 간략한 이 글로는 전면적 연구는 약할 수밖에 없고 심성과 체질과의 관계만 이하에 잠깐 소개하여 보자.

다음에 희로애락의 사기(四氣)와 장부와의 관계를 적기(摘記)하면,

1. 애기(哀氣)와 낙기(樂氣)는 폐(肺)와 신(腎)에 영향(影響)하고,
2. 노기(怒氣)와 희기(喜氣)는 간(肝)과 비(脾)에 영향한다.

이제마는 여하(如下)히 말하였으니 원문대로 기록하면,

"태양인은 슬퍼하는 성(性)이 멀리 흩어지고 노하는 정(情)이 촉급하니 슬퍼하는 성이 멀리 흩어지면 기운이 폐에 몰려 폐가 더욱 성해지고 노하는 정이 촉급하면 기운이 간에 부딪혀서 간이 더욱 깎이므로 태양의 장국(臟局)이 폐대간소(肺大肝小)한 이유다. 소양인은 노하는 성(性)이 넓고 크며 슬퍼하는 정이 촉급하니 노하는 성이 넓고 크면 기운이 비(脾)에 몰려 비가 더욱 성해지고, 슬퍼하는 정이 촉급하면 기운이 신(腎)에 부딪혀 신이 더욱 깎이나니 소양의 장국(臟局)이 비대신소(脾大腎小)한 이유다. 태음인은 기뻐하는 성(性)이 널리

퍼지고 즐겨하는 정(情)이 촉급하니 기뻐하는 성이 널리 퍼지면 기운이 간에 몰려 간이 더욱 성해지고, 즐겨하는 정이 촉급하면 기운에 폐에 부딪혀 폐가 더욱 깎이므로 태음의 장국(臟局)이 간대폐소(肝大肺小)한 이유다. 소음인은 즐겨하는 성(性)이 깊고 굳으며 기뻐하는 정(情)이 촉급하니 즐겨하는 성이 깊고 굳으면 기운이 신에 몰려 신이 더욱 성해지고, 기뻐하는 정이 촉급하면 기운이 비에 부딪혀서 비가 더욱 깎이므로 소음의 장국은 신대비소(腎大脾小)한 이유다[太陽人은 哀性이 遠散而 怒情이 促急하니 哀性이 遠散則 氣注肺而 肺益盛이요 怒情이 促急則 氣激肝而 肝益削하나니 太陽之臟局이 所以成形於肺大肝小也오. 少陽人은 怒性이 宏抱而 哀情이 促急하니 怒性이 宏抱則 氣注脾而 脾益盛이오 哀情이 促急則 氣激腎而 腎益削하나니 少陽之臟局이 所以成形於脾大腎小也오. 太陰人은 喜性이 廣張而 樂情이 促急하니 喜性이 廣張則 氣注肝而 肝益盛이요 樂情이 促急則 氣激肺而 肺益削하나니 太陰之臟局이 所以成形於肝大肺小也오. 少陰人은 樂性이 深確而 喜情이 促急하니 樂性이 深確則 氣注腎而 腎益盛이요 喜情이 促急則 氣激脾而 脾益削하나니 少陰之臟局이 所以成形於腎大脾小也니라]"라고.

이상의 문구 중에서 촉급이란 설명할 필요도 없이 편성(偏性)의 경향을 의미하는 것이지만 원산(遠散), 굉포(宏抱), 광장(廣張), 심확(深確)이란 무슨 뜻일까. 이것은 희로애락의 사기(四氣)가 제가끔 해소되는 형태를 표현한 것이니 문자에 포로되어 그 진의를 망각하여서는 안 된다.

이상의 말로써 족히 이제마의 심신합일론적(心身合一論的) 입장을 알 수 있고 장부의 결정이 심성의 동향에 달린 것을 추량(推量)할 수 있다.

이 외에 기질에 대한 후천적 교양과 환경의 영향 등에 관하여서도 시론(試論)할 여지가 많으나 좀처럼 다 쓰기 어려우니 이 소개문으로

는 이만 한 정도의 고찰로 끝맺고 다음에 혈액형과의 관계를 써서
뜻 있는 이의 참고나 될까 하고 발표하여 본다.

11. 사상의학(四象醫學)와 혈액형(血液型)

인류의 혈액형은 요사이 와서는 거의 상식화하였으니 여기에 번거롭게 소개할 필요는 느끼지 않는다. 필자는 지금부터 4년 전에 필자에게 사상의학(四象醫學)을 가르쳐 주신 최승돈(崔承敦) 선생과 학우 정연창(鄭然昌) 군과 삼인(三人)이 협력하여 소수인원에 대하여 혈액형을 검사해 본 일이 있다. 그러나 그 결과는 거의 실패에 가까운 것이었으니 사상유형변증(四象類型辨證)에 혈액형을 이용하여 보겠다는 필자 등의 욕망은 사라지고 말았다.

처음에 혈액형 기질의 연구가인 후루카와 다케지(古川竹二)씨의 설에서 아래 표와 같은 고찰을 발견하고,

O형　점액질　　　B형　다혈질
A형　우울질　　　AB형 내성(內省) A형적 · 외면(外面) B형적

필자 등이 사상인의 기질을 참작하여 점액질을 태음인으로, 우울

질을 소음인으로 다혈질을 소양인으로 유추하여 그의 실험결과를 보기로 하였던 것이다.

고천씨(古川氏)도 담즙질은 혈액형 기질에서 의문부(疑問符)를 붙였고 필자 등은 태양인을 제외하였다. 그 까닭은 태양인은 인수(人數)가 희한(稀罕)하여 만인(萬人) 중에 3, 4인 정도라 하니 수(數)로써 간주하기 어려운 까닭이다.

실험결과는 하표(下表)와 같은 것이다.

사상인 \ 혈액형	O형	A형	B형	AB형
태음인	6	4	4	2
소음인	5	8	6	3
소양인	1	0	1	0
태양인	0	0	0	0

이상의 실험인원은 불과 40명이니 적확한 통계라고는 할 수 없으나 태음인과 소음인의 두 유형에서만 보더라도 요령을 얻기가 어려운 결과이다.

사상인의 유형변증방법은 초학자에게는 실로 크나큰 난관이다. 이것이 어떠한 과학적 방법에 의하여 혈액형변별법과 같이 용이하게 시행할 수만 있다면 시술의 편의는 더 말할 나위가 없지만 체질·체격·성정·병증 등을 상호참작하여 판단할 수밖에 없다. 최후의 확인은 언제나 약물의 반응이 이를 웅변하여 준다.

5장

현대의학의 고민

현대 일본 약학계(藥學界)의 거두(巨頭)요 동경제대교수(東京帝大教授)인 조비나태언박사(朝比奈泰彦博士)가 일찍이 중산충직씨저(中山忠直氏著) 『한방의학(漢方醫學)의 신연구(新硏究)』를 평(評)한 말 가운데 "……기초의학(基礎醫學)은 확실히 서양에서 현저하게 발달되었으나 임상의학(臨床醫學)에 있어서는 멀리 한방(漢方)을 따라오지 못한다.…… 그러함에도 불구하고 한방이 쇠퇴된 원인으로 말하면 명치초엽(明治初葉)에 구주의술(歐洲醫術)에 심취(心醉) 현혹(眩惑)된 나머지 한방(漢方)을 정치적으로 금지한 까닭이다. 이는 학술적 선택으로 말미암음이 아니라 구화주의(歐化主義)의 산물에 불과한 바로 실로 무모(無謀)를 극(極)한 소행(所行)이었다……"라고 말한 구절이 있다. 이러한 사정은 다소(多少) 시기(時期)의 지속(遲速)은 있으나 조선의학계(朝鮮醫學界)에도 적용할 수 있는 말이다. 한방의학(漢方醫學)의 쇠퇴가 학술적 가치에 있어서의 패퇴가 아니라 그 안에는 정치적 압력으로 말미암아서 된 소인(素因)이 있다는 말이다. 한방의학의 엄연한 존재 가치를 인위적 압력에 의하여 도태하려 하는 무모한 책동이 있었던 것이다. 여사(如斯)한 책동이 금일(今日)까지 계속(繼續) 연장(延長)되는 이 때 오인(吾人)의 각오(覺悟)는 어떠하여야 할까. 오인(吾人)은 오인(吾人)의 새로운 창조적 노력과 투사적 의지로써 당면된 황야를 개척하여야겠고 현대의 의계대세(醫界大勢)를 침착하게 검토할 용의가 있어야 하지 않을까 한다.

오등(吾等)이 말하는 한방의학(漢方醫學) 부흥(復興) 내지 혁신(革新)의 새로운 의기(意氣)의 반면에는 현대의학 자체의 심각한 내부적 고민이 있음을 알아야겠다. 심각한 현대 의학의 고민은 이 시대의 정치적 가면(假面)과 사이비적(似而非的) 화미(華美)한 이론의 너울 속에 가리워져서 그 정체(正體)가 표면화하고 있지 않을 따름이다.

현대 의학의 가장 큰 고민(苦憫)은 임상적(臨床的) 비애(悲哀)를 느끼는 데 있다. 이는 이론만을 숭상하고 실제를 경멸하는 의학적 그릇된 편견 때문에 생긴 비애이다. 의학의 근본적 목적이 질병치료에 있다 함은 너무도 평범한 진리이지만 현대 의학의 학술 연구의 경향은 치료법(治療法)의 강구(講究)보다도 소위 이론의 전개에 급급한 감이 없지 아니하다. 이론이라고 하더라도 치료에 불충실한 이론은 결국 불구적(不具的) 이론임을 면치 못할 것이어늘 치료법의 연구는 의학연구의 말지(末枝)인 듯이 세포학 내지 세균학적 병리설(病理說)에 칩거(蟄居)하야 그 정외(井外)를 일보(一步)도 나오지 못하는 것은 참된 의학을 위하여 한심한 경향이라고 보지 않을 수 없다.

19세기에 구미학계(歐洲學界)의 권위자로서 청진타진법(聽診打診法)의 대성자(大成者)인 스코다 씨(氏)(Joseph Skoda, 1805~1881)의 일언(一言)이 현대의학의 진로를 그르친 바가 크다. 그가 말하기를 "……

우리 의가(醫家)는 질병을 진단(診斷)하여 이를 기재(記載)하고 또 이해할 수는 있어도 그 질병을 어떻게 치료하여야 할까 함은 구태여 생각지 아니하여도 좋다……"라고 하여 은연중 치료회피의 태도를 보인 이래 의학계의 사상적 경향은 의학지식(醫學知識)의 천착(穿鑿)에 전력(全力)하는 반면에 치료적(治療的) 처치법(處置法)은 등한시하게 되었다. 스코다 씨(氏) 언(言)의 심각한 영향은 금일(今日)의 임상적(臨床的) 비애와 고민을 낳게 하였으니 스코다 씨(氏)의 일언(一言)은 의학을 모독한 자라 하겠다.

또 근세의학(近世醫學)의 진로(進路)를 그르친 학설은 세포병리학(細胞病理學)이다. 이는 백림(伯林)의 빌효 씨(氏)(Rudolt Virchow, 1821~1902)의 창설(創說)한 바로 인체분할주의(人體分割主義)의 전형적 학설이다. 의학의 세포(細胞) 개인주의(個人主義)라고도 비유하여 말할 수 있다. 즉 빌효 씨(氏)는 신체(身體)를 일개(一個) 세포국(細胞國)에 비유하여 각개세포(各個細胞)는 이 나라의 시민이라고 보았다. 따라서 질병이란 병적 세포의 주동으로 인하여 야기된 세포국내(細胞國內)의 혁명적(革命的) 소동(騷動)이라는 견해를 가졌던 것이다. 그러므로 이 소동을 진압하려는 수단으로 진통진정제 해열제 살균제 등을 특효약(特派兵)으로 세포국내(細胞國內)에 출병(出兵)시키게 된다. 만일 이 병력(兵力)으로써 일시적이나마 진압이 불가능할 시(時)는 세포국(細胞國)의 전체적 안정을 위하여 그 균형을 파괴하면서라도 영토적(領土的) 할애(割愛)도 부득이(不得已)하다는 태도를 가지게 되는 것이니 이가 곧 외과적(外科的) 수술(手術)로 병소(病巢)를 할거(割去)하여 버리는 세포국(細胞國)의 무단정치(武斷政治)인 것이다.

진정한 의학에 있어서의 의적(醫的) 행위의 무단적(武斷的) 수단(手

段)으로써 외상(外傷)의 경우(境遇)를 제외하고서는 토하한제(吐下汗劑)를 선용(善用)함으로써 그 중용을 얻게 된다. 내과적(內科的) 질환(疾患)에 해부도(解剖刀)를 남용함은 아무래도 세포국(細胞國)에 대한 만적(蠻的) 행위라 하지 않을 수 없다. 의학의 이 순수개인주의(純粹個人主義)의 배타적 행위는 그 결과에 있어서 국내의 균형과 평화를 재래(再來)하기 어려울 뿐 아니라 이는 일시적 진무(鎭撫)로써 재거소동(再擧騷動)의 소인(素因)은 다시금 기회를 타서 습래(襲來)할 것이다. 그러므로 오인(吾人) 의가(醫家)는 늘 세포국내(細胞國內)의 사회적(社會的) 연대성(連帶性)을 더욱 중요시하야 사회적 균형을 파괴하는 행위를 경계하여야 할 것이다. 즉 세포국내(細胞國內)의 세력의 편의(偏倚)를 경계하야 생명력(生命力)의 상호부조(相互扶助)의 평화를 지속케 하여야 할 줄로 생각한다.

다시금 병리학(病理學)의 일분과(一分科)인 세균학(細菌學)에 대하야 잠시 평가(評價)하여 보자. 세균학(細菌學)은 겨우 19세기의 말엽에 독립된 학과로 불국(佛國)의 파스톨 씨(氏)(Louis Pasteur, 1822~1895) 등에 의하여 확립된 학문이다. 이는 가위 일취월장(日就月將)의 세(勢)로 발달하야 금일(今日)에는 현대의학의 견고한 지반이 되어 있다. 그러나 이 파스톨류(流)의 세균학으로 인하여 날로 병원균(病原菌)은 발견(發見) 배양(培養)되는 일방(一方) 병원균박멸수단(病原菌撲滅手段)인즉 실적상(實績上) 미미한 현상에 처해 있지 아니한가. 거의 모든 병의 근원을 세균의 소행으로 돌리나 세균학(細菌學)의 임상적(臨床的) 가치(價值)는 실로 미약한 처녀지 그대로이다. 소수의 외상(外傷)에 그의 주도(周到)한 소독(消毒)과 혈청요법(血淸療法)에 있어서 이삼(二三)의 공적(功績)[지후데리야 혈청요법(血淸療法) 등]을 들어 말하는 자 있으나 이것만으로 세균학 자체를 과대평가할 수 없다. 이는 단순한 이론상의 공적이지 실질상의 유능을 의미하지는 않는 까닭 이다. 그러므로 오인(吾人)은 일개(一個) 병원균(病原菌)의 발견(發見) 배양(培養)을 작약(雀躍)하면서 환영하기 전에 실질상(實質上) 임상적 (臨床的) 환멸(幻滅)의 재료가 또 하나 생긴 것을 슬퍼해야 할 것이다.

세균학의 발달은 예방의학적 견지로 보아서 다소 의의가 없지는 아니하다. 그러나 이는 의학의 소극적 방면의 임무로 볼 수밖에 없 고 치료의 임무를 맡은 임상의학자에게는 그다지 고마울 것 없는 학 문임을 오인(吾人)은 단언할 수 있다. 하고(何故)냐 하면 이는 스코다 씨류(氏流)의 말과 같이 질병을 진단하여 병원균(病原菌)을 기재(記載) 하기에 필요할 뿐으로 실제 임상적(臨床的) 치료(治療)엔 무능한 학문 이기 때문이다. 현대 의학의 임상적 비애와 고민의 소인(素因)은 실 로 이 세균학에 있다 할 것이다.

또다시 약물학적(藥物學的) 견지(見地)에서 현대의학의 고민을 살펴보 자면 그의 순분단미주의(純分單味主義)의 비애(悲哀)가 있다. 식물 중에 서 그 주성분을 추출하기는 아편 중에서 몰핀을 발견한 것으로써 그 효시(嚆矢)라 한다. 이는 거금(距今) 약 150년 전에 독일의 한 약제사(藥劑 師)이던 셀투르너 씨(氏)(Fredrich Wilhelm Adam Serturner, 1783~1841) 가 아편 중에서 그 주성분을 발견한 이래 생약(生藥)의 순분추출(純分 抽出)에 대자극(大刺戟)을 주었다. 생약(生藥) 성분(成分) 규명(究明)의 노력이 대성(大盛)함을 따라 특효약의 발전을 보게 되었고 따라서 의 약(醫藥)을 투(投)하는 자 거의 순분단미주의(純分單味主義)에 흐르게 되었다. 생약(生藥) 중에 포함된 여러 가지 성분 중에서 한두 개의 주 성분(主成分)을 추려내는 환희에 취하여 자연을 모독하고 과학의 만능을 찬양하게 되었으니 이가 금일(今日)의 약물학적(藥物學的) 비애(悲哀)의 소인(素因)이 될 줄이야 누가 뜻하였으랴. 일첩약(一貼藥) 일편약(一片藥)을 투(投)함이 그렇게 단순하지 아니하거늘 누백(累百) 누천(累千)의 병명(病名)을 따라 그의 특효약을 탐색하는 현대 의학자들의 노력과 열성은 가상(可賞)할 만하다고 하더라도 그의 실적(實績)의 공허(空虛)와 고민(苦悶)은 어찌할 수 없지 아니한가.

생약(生藥) 중의 약효(藥效)는 결코 그 주성분(主成分)에만 있지 아니하다. 주성분이란 그의 주요 성분임을 의미할 뿐이요 방계(傍系)의 제타성분(諸他成分)의 효능(效能)을 무시할 수 없다. 아편 중의 주성분인 몰핀의 강력적(强力的) 약능(藥能)보다도 그 종합(綜合) 추출물(抽出物)인 판토폰, 날코폰이 인체에 더욱 적절한 의약(醫藥)임을 현명한 의인(醫人)은 잘 알고 있다. 또한 현금(現今)의 화학(化學)으로써는 생약 중의 성분을 완전히 추출구명(抽出究明)하지 못하고 있는 현상이요 생약 중의 소위 무효성분(無效成分)이라고 하는 단백질(蛋白質), 점액(粘液), 당류(糖類), 고무질 등이 생약 중에서 얼마나 역할을 하고 있는지 아직까지도 천명되어 있지 않다. 일설(一說)에는 소위 무효성분(無效成分)이 존재하므로 말미암아 유효성분의 급속한 흡수를 방해하여 그 효력의 지속을 돕는다 하여 생약 중의 불용해물(不溶解物)(물에)을 소위 무효성분(無效成分)의 공존(共存)으로 인하여 용이(容易)히 용해케 하는 능력이 있다 한다. 전자는 그의 약효(藥效)에 관한 설이요 후자는 그의 탕액적(湯液的) 의의(意義)를 말하는 자이다. 그의 약효(藥效)에 관한 것은 이미 한방의학에서 경험하는 자로써 그의 성방(成方)의 묘(妙)와 약력(藥力)의 지속(持續)은 누구나 시인하는 자라 하겠다. 따라서 의약(醫藥)의 단미순분주의(單味純分主義)는 의약의 단선

이요 그의 생약주의(生藥主義)는 그의 복선을 의미한다. 그러므로 오인(吾人) 의가(醫家)는 생약 중의 전 성분(全成分)을 완전추출(完全抽出)하여 그의 복선적(複線的) 역할(役割)을 수행(隨行)시킴으로써 이상적(理想的)이라 하겠고 그의 주성분(主成分)을 탐색(探索)함은 사실상 생약 연구의 미기(未技)라 할 것이다.

또한 동일한 생약 중에 포함된 성분이 유해성분(有害成分)이 아닌 이상 애매하게도 그의 무익함을 빙자하여 이를 방기(放棄)하려는 태도는 불가하다. 유해성분이 아닌 이상 각개 성분의 복선적 공존을 허용하여야 할 것은 생약에 대한 오인(吾人)의 태도요 또한 한 개 법칙으로써 시인하여야 할 것이다.

약학박사(藥學博士) 예미달부 씨(刈米達夫氏)는 화한약성분연구(和漢藥成分研究)의 현상(現狀)을 논한 중(中)에 "한방(漢方)에서 초근목피(草根木皮)를 그대로 사용함에는 여러 가지 학술적 의의가 있다. 즉 식물 중에는 항상 단백질(蛋白質) 수지(樹脂) 함수탄소(含水炭素) 등을 함유하고 있는고로 초근목피(草根木皮)의 전즙(煎汁)을 사용할 때는 유효성분(有效成分)은 이들 물질과 더불어 교상용액(膠狀溶液)을 형성하여 내복(內服)의 경우에 유효성분(有效成分)의 급격한 흡수를 완화하고 그 약효를 지속시킬 뿐 아니라 동시에 타 성분(他成分)과 공(共)히 협력작용을 한다. 유사작용을 가진 이개(二個) 약물(藥物)의 약효는 그 양자의 화(和)가 아니라 상승적(相乘積)에 해당한다는 학설로 설명할 수 있다"라고 말하였다. 이 학설을 상승작용(相乘作用)의 법칙(法則, Potensienen)이라 하나니 이 법칙은 약물학상(藥物學上) 최중요(最重要)한 법칙(法則)으로 한방계(漢方界)의 복방복미주의(複方複味主義)의 기반이라 할 것이다. 현대 의학계의 대세도 점차로 화학적 단미주의(化學的 單味主義)에서 복미주의(複味主義)로 이거(移居)하는 현상(現狀)이니 최근 한약류(漢藥類)를 원료로 한 신약(神藥)이 총출(叢出)하는 것을 보아도 그간의 소식을 짐작할 수가 있다.

그러므로 현대 의학의 약물학상(藥物學上) 고민(苦憫)의 소인(素因)은 그의 화학적(化學的) 순분단미주의(純分單味主義)에 있다. 이 고민을 해소시킬 수 있는 열쇠는 한방의학적(漢方醫學的) 복방복미주의(複方複味主義)에 접근하는 외에 타도(他途)가 없을 것은 용이(容易)히 단언할 수 있다.

이상에 오인(吾人)의 비판은 세포병리학(細胞病理學)과 세균학(細菌學)과 약물학상(藥物學上)의 단미주의(單味主義)를 가지고 논란하였다. 이는 주로 학술적 문제이나 끝으로 현대의학의 사회적 고민에 대하야 일언(一言)코저 하나니 그는 다름이 아니라 의학의 영업화에 관한 문제이다.

의학은 그 본질상 영업화(營業化)할 수 없는 기술이다. 본지(本誌)의 창간사의 모두(冒頭)에 쓰인 본지(本誌) 주간(主幹)의 대언(代言)을 인용할 것도 없이 의술은 숭고한 기술임에 누구나 이의가 있을 리 없다. 씨(氏)는 말하기를 "의(醫)는 인술(仁術)이니 전 인류(全人類)가 공동(共同)으로 지지(支持)하는 가장 고귀(高貴)한 기술(技術)이다"라고 하였거니와 과연 현대의술자(現代醫術者)는 의(醫)는 인술(仁術)이요 가장 고귀한 기술임을 어느 정도까지 인식하고 있는가?

혹자는 현대의 사회상을 들어 자기의 의술자(醫術者)로서의 추락(墜落)을 변호코저 하지만 이는 자기의 시대아(時代兒)로서의 무력(無力)을 자백하는 말인 동시에 의자적(醫者的) 양심(良心)의 결여를 고백함에 불과하다. 국가는 그를 보호함에 의술적(醫術的) 특권(特權)과 영업세(營業稅)의 면제로써 우대하고 있으며 사회인(社會人)은 그들을 현세(現世)의 구주(救主)로서 경대(敬待)하고 있다. 그러나 현대(現代) 의술업자(醫術業者)의 대부분은 이 은전(恩典)에 대한 보답의 염(念)이 없으니 도리어 그들은 사회적 증오의 대상이 되어 있지 아니한가?

병자(病者)는 일개(一個)의 상품이 아니다. 의술(醫術)은 또한 유흥적(遊興的) 도락(道樂)도 아니다. 향락(享樂)과 지위(地位)와 명예(名譽)를 추구하는 자는 모름지기 의원(醫苑)의 장외(墻外)로 추방함이 가하다. 의학(醫學)의 영업화(營業化)는 생명의 상품화 내지 초개화(草芥化) 됨을 의미하는 것이니 금일(今日)과 같이 의술자의 양심이 마비된 시대는 다시 그 예가 없을 것이다.

혹자는 현대 의술자의 생활 문제를 들어 그들의 양심적 마비를 은닉하려 하지만 속세의 향락주의의 극치를 실현키 위해서 인간의 생명을 표적으로 삼게 되니 도대체 인류애의 따뜻한 정조(情操)는 어디서 찾아야 옳을까? 우리 의가(醫家)의 표적(標的)은 극히 단순하다. 병약자(病弱者)들의 현세고(現世苦)를 구한다는 평범한 일구(一句)를 상기함으로써 족(足)히 오인(吾人)의 행위를 미화(美化)할 수가 있다. 이렇게 단순 평범한 의식의 흔적조차 찾을 길이 없으니 생명을 농락당하는 뭇 대중이 가히 없을 뿐이다.

의술(醫術)의 영업화(營業化)는 사회적(社會的) 규탄(糾彈)의 적(的)이 되어 있다. 은연중 증오의 화살은 오늘의 의업자(醫業者)들을 향하여 쏘아지고 있다. 국가(國家) 보건(保護)의 견루(堅壘) 속에서 희희자락(喜喜自樂)하고 있는 생명업자(生命業者)에게도 양심적(良心的) 가책(苛責)이 싹터야 할 때다. 안일(安逸)의 악몽(惡夢)을 깨고 병고(病苦)로 시달리는 억장대중(億萬大衆)에게 성(聖)된 기술(技術)의 손을 내려주어야 하지 않을거냐. 이는 오인(吾人)의 공상(空想)이 아니요 오인(吾人)의 이상(理想)하는 바다. 오로지 현대(現代) 의술업자(醫術業者)의 반성(反省)을 촉(促)하며 이 소론을 끝맺는다.

6장

사상의학의 전망

요즈음 사상의학(四象醫學)에 대하여 학계나 일반의 관심이 차츰 드높아 가는 것은 사학(斯學)을 위하여 경하(慶賀)스러운 일이 아닐 수 없다. 그들의 관심은 사상의학(四象醫學)이 지닌 학문적 또는 시술적(施術的) 가치의 정상적 판단에 의함인지 아니면 사상의학(四象醫學)에서 풍기는 이질적 특성 때문인지의 여부는 새삼 따질 필요도 없겠지만, 그들의 관심이 만일 근본적인 것이 아니요 한낱 피상적 인식에 근거한 것이라면 그것은 사상의학(四象醫學)의 앞날을 위하여 이를 가려둘 필요가 있을 것 같다.

　사상의학설(四象醫學說)을 한 마디로 말하라 한다면 신인간론(新人間論)이라고 할 수 있다. 지금까지 많은 철학자나 과학자들이 '인간(人間)이란 무엇인가'라는 질문에 대답하여 여러 각도로 인간을 정의해 왔고 그것들은 다 도구인(道具人), 사회인(社會人), 윤리인(倫理人), 기술인(技術人), 사색인(思索人) 등 각양각색이지만 사상의학설(四象醫學說)이 보여 준 인간상(人間像)은 그러한 일차원적 특성보다도 다차원의 종합적 인간상이라는 데에 그가 지닌 새로운 일면을 찾아볼 수 있을 것이다. 여기서 다차원(多次元)이라 함은 이미 그 이전 사람들이 지적한 많은 인간적 요소를 가져다가 이를 사상인류형(四象人類型)이라는 틀에 넣어 종합적으로 융해시켜 놓았음을 의미한다. 그러므로 거기에는 이미 지적된 사회인, 윤리인, 사색인, 산업인, 지성인 등 뿐만 아니라 의학인(醫學人), 음양인(陰陽人), 감성인(感性人), 진화인(進化人), 성명인(性命人) 등 여러모로 볼 수 있는 모든 인간의 양상이 다함께 종합적으로 사상인상(四象人像) 안에서 융해(融解) 체계화(體係化)되어 있음을 의미한다.

이러한 신인간상(新人間像)으로서의 사상인론(四象人論)은 아마도 신체질론(新體質論) 또는 신체형론(新體型論)이라고 할 수도 있을 것이다. 한 인간을 그가 지닌바 체질적(體質的) 체형(體型)에 따라 그의 심성(心性), 감정(感情), 체격(體格), 병리(病理), 약리(藥理), 장부기능(臟腑機能), 기호(嗜好) 등등이 결정된다는 사실에 의하여 규정지으려는 것이다. 그러므로 사상인체형론(四象人體型論)은 사대체액설(四大體液說)이나 사대혈액형(四大血液型)과 같은 단순체질론(單純體質論)이 아니라 이는 철학, 종교, 윤리, 사회, 심리(心理), 과학, 의학 등 모든 분야가 하나로 협심(協心)함으로써 이해될 수 있는 인간론이랄 수밖에 없다. 그럼에도 불구하고 '형이하학(形而下的) 사상인증변(四象人辨證)'이라는 좁은 안목으로 사상인론(四象人論)을 다루는 태도는 사상인론(四象人論)의 본질과는 거리가 먼 말류(末流)에 빠진 결과라 하지 않을 수 없다.

근래에 와서 가위(可謂) 사상의학부흥(四象醫學復興)의 추세가 엿보이기는 하지만 거기에는 변증론적(辨證論的)인 성급한 말류(末流)가 사상의학(四象醫學)의 본질을 흐리게 할 우려도 없지 않은 이유로서는 사상의학(四象醫學)의 철학적 측면의 추상적(抽象的) 난해성(難解性)에 그 이유가 있음을 부인하지 못할 것이다. 그렇다면 그의 철학적 측면이란 무엇일까? 그것은 다름 아닌 성명론적(性命論的) 인간상(人間像)을 두고 하는 말이다.

성명론적(性命論的) 인간상(人間像)은 천기(天機) 인사(人事)의 유기적(有機的) 전인상(全人像)인 것이다. 그러므로 이를 구성하고 있는바 천기(天機) 인사(人事)의 요소들은 분석에 의하여 구분되고 체계화되고 조직화되어 있지만 이에 따른 이해는 종합적(綜合的) 직관(直觀)에 의한 유일상(唯一像)으로써만이 그의 본질을 포착할 수 있는 것이다. 그것은 결코 체격(體格)의 장단구조(長短構造)나 색조(色調)의 농담(濃淡)이나 식성(食性)의 기호(嗜好)나 보행(步行)의 활협(闊狹)이나 음성(音聲)의 고저(高低) 따위의 말초적(末梢的) 현상(現象)에 의하여 그의 본질이 결정지어질 수 있는 것이 아닐 것이다. 이들은 본질(本質)의 말초적(末梢的) 현상(現象)이지 본질 그 자체는 아니기 때문에 결국 이들 현상(現象)의 종합적(綜合的) 유일상(唯一像)만이 최종적으로 문제가 된다고 하지 않을 수 없는 것이다.

이렇듯 고차원적(高次元的) 사상인상(四象人像)이 의미하는 것은 과연 무엇일까?

첫째, 사상의학설(四象醫學說)은 철학과 의학의 불가분의 관계를 우리에게 제시해 주고 있다. 여기서 우리는 그리스의 의성(醫聖) 히포크라테스의 명언을 상기할 필요가 있다. "철학자이면서 동시에 의사인 자만이 신의(神醫)일 수 있다"라고 한 말은 철학자와 의사가 동일인격(同一人格)이어야 함을 의미한다. 그러나 사상의학설(四象醫學

說)이 보여주는 철학과 의학과의 불가분관계(不可分關係)는 의사자신이 그러할 뿐만 아니라, 한 인간의 종합적 구조는 결국 철학과 의학의 불가분적 관계 위에 성립되어 있음을 보여주고 있다. 그러므로 사상의학(四象醫學)에 있어서는 성명론(性命論)과 장부론(臟腑論)이 결코 분리될 수 없는 것이다. 오히려 성명론(性命論)은 장부론(臟腑論)에 선행(先行)하고 장부론(臟腑論)은 성명론(性命論)의 기능화(機能化)에 지나지 않음을 알려주고 있는 것이다. 이렇듯 철학적(哲學的) 성명론(性命論)과 의학적(醫學的) 장부론(臟腑論)이 표리(表裏)를 이룬 가운데서 사상인론(四象人論)은 성립되는 것이다.

둘째, 폐비간신(肺脾肝腎)의 사대장부(四大臟腑)의 대소강약(大小强弱)에 의하여 사상인류형(四象人類型)이 유추(類推)되고 있는 것은 체질의학(體質醫學)의 방향을 제시해 준 데 의의가 있는 것이다. 파스톨의 병균설(病菌說)에 의하여 체질(體質)이 경시(輕視)된 이래 특이체질(特異體質) 또는 알레르기설에 의하여 묵과(黙過)된 체질의학(體質醫學)을 위하여 사상의학(四象醫學)은 체질의학으로서의 획기적 가설(假說)을 공포(公布)한 셈이 되는 것이다.

"사람들의 병이란 생체(生體)의 외래요소(外來要素)와 그의 내적(內的) 요소(要素)와의 사이에서 일어난 충돌(衝突)이 아니고서는 일어나지 않는다"는 의학적(醫學的) 전통사조(傳統思潮)에 대하여 하나의 지표(指標)를 제시해 주고 있는 것이다.

사상의학설(四象醫學說)은 음양론적(陰陽論的)이다. 그러므로 사상설(四象說)은 음양논리(陰陽論理)에 의한 추상(抽象)이란 점에서 다분히 상징적 의미를 띠고 있는 것이 사실이다. 그러므로 가설(假說)이라고 한다면 너무도 대담한 가설일는지 모른다. 그렇기 때문에 성급한 비판론자들은 사상의학설(四象醫學說)을 일러 억설(臆說)이라 하기도 한다.

그러나 많은 선인(先人)들의 위대한 억설(臆說)들은(예컨대 지동설 만유인력설 상대성원리) 결코 범부(凡夫)들의 동의(同意) 위에 성립한 것이 아니다. 오랜 시일을 두고 그가 일반화(一般化)하기까지에는 많은 고비를 넘겨야만 했던 것이다. 아마도 사상의학(四象醫學)의 체질론적(體質論的) 가설(假說)도 백년(百年)이라는 [동무(東武)의 말] 긴 세월을 두고 보보천리(步步千里)의 역정(歷程)을 걸어가야 할는지 모른다.

셋째, 미래의학(未來醫學)의 선구자로서의 의미를 가지고 있다. 미래의학이 대중적 예방의학이어야 한다는 점에서 사상의학설(四象醫學說)은 '가가지의인인지병(家家知醫人人知病)'의 대중의학으로서 성격을 지니고 있는 것이다. 사상의학설(四象醫學說)은 성병후(成病後)의 약방(藥方)을 교시(敎示)해주고 있을 뿐만 아니라 광제설(廣濟說) 오복설(五福說) 등에 의하여 윤리생활의 방향도 제시해 주고 있는 것이다. 이는 성병이전(成病以前)의 인간생활지침이라고나 할까. 오늘날의 예방의학이 방독섭생(防毒攝生)의 유형유질(有形有質)의 예방이라면 사상의학설(四象醫學說)은 거기서 일보 전진하여 정신적(精神的) 섭생(攝生)이 모든 섭생(攝生)에 선행(先行)하고 있음을 알려 주고 있는 것이다. 뿐만 아니라 정신섭생(精神攝生)의 문제를 윤리적 차원에서 다룬 점은 실로 초근목피(草根木皮)를 다루는 치료의(治療醫)에서 인간의 선악을 다루는 유의(儒醫)로서의 의(醫) 본연(本然)의 모습을 보여 준 자라 하지 않을 수 없다. 그러므로

"어질고 재주 있는 사람을 시기하며 미워하는 것은 천하의 큰

병이요, 어진 것을 좋아하고 선한 것을 즐기는 것은 천하의 큰 약이다[妬賢嫉能天下之大病也 好賢樂善天下之大藥也]"의 명구(名句)는 길이 사상의학설(四象醫學說)의 지침이 될 것이다. 이는 어쩌면 동양의학 본연의 모습인지도 모른다. 그런 의미에서 사상의학설(四象醫學說)은 의학계(醫學界)의 이단아(異端兒)가 아니라 동양의학의 적자(嫡子)임을 과시해야 한다. 사상의학설(四象醫學說)은 전통적 경험주의에 입각한 약리학(藥理論)과 약방론(藥方論)을 갖고 있기 때문이다.

위와 같은 여러 의미에서 사상의학설(四象醫學說)은 영원한 미래의 학으로서의 앞날을 갖고 있다고 해야 할 것이다.

7장

한방약을 원료로 한
신제제일람

한약(漢藥)이란 즉 한방의학(韓方醫學)에서 응용되는 약물을 말하는 것으로 이를 원료로 하여 양약계에서 국방제제(局方製劑)로 혹은 신약신제제(新藥新製劑)로써 가공 발매되는 약물을 일람코자 한다. 다시 말하면 구미산 등 소위 지나일본을 제외한 외국소산생약을 원료로 한 약과 화학적 제약품(즉 합성약품)은 이를 제외하고 금일한방약으로 양약의 원료가 되는 생약을 열거하여 보려는 것이다. 이를 열거 일람하려는 주목적은 한약과 양약과의 관계를 일별하려는 데 있고 또 한 가지 은연한 목적이 있으니 그것은 다름이 아니다. 양의학이 자부하는 소위 약에 대한 과학적 근거가 얼마나 한계선상에 있는가 함을 그 일면이나마 규시하여 보자 함이다. 물론 이 비교 일람은 그 전반에 달한 완성품은 되지 못하리니 그중 가장 중요한 것만 몇 권 문집에 의거하여 추려 가지고 그 밑에 간단한 설명을 가함에 그치려 할 뿐이다.

1. 진제닌(Ginsenin)[대판염야의상점발매(大阪鹽野義商店發賣)]

원료—인삼(人蔘)

자양강장제(滋養強壯劑)로서 신경쇠약(神經衰弱), 빈혈(貧血), 성욕감퇴(性慾減退) 등에 응용한다. 한방에서는 최귀의 약재로서 응용범위는 극히 넓다.

2. 익테민(Ictemin)[동경(東京) 삼공주식회사(三共株式會社)]

원료—인진호(茵蔯蒿)

황달치료제(黃疸治療劑)로서 간장급담도(肝臟及膽道)의 제질환급부종(諸疾患及浮腫)에 유효하다. 한방에서도 황달의 요약으로 "온열을 제거하고, 황달을 치료하는 성약[除溫熱爲治黃疸之聖藥]"이라 하였다.

3. 코이콜락코민(Coico Lacmin)[삼공(三公)]

원료—의이인(薏苡仁)

우췌치료내복약(疣贅治療內服藥). 의이(薏苡)의 치우작용(治疣作用)은 『본초강목(本草綱目)』에는 기록이 없다. 일본민간에 차설이 있다. 석흑충덕(石黑忠德)의 『외과설약(外科說約)』에도 쓰여 있다.

미요토닌(Myotonin)[염야의(鹽野義)]
원료—의이근(薏苡根)
소염진통(消炎鎭痛)에 유효. 의이(薏苡)는 삼습사화건비(滲濕瀉火健

脾)의 역(力)이 있다 하고 중풍(中風), 관절염(關節炎), 황달(黃疸) 등에 쓰이며 이뇨영양제(利尿營養劑)로 폐병늑막염(肺病肋膜炎)에도 쓴다.

4. 오토스클레롤(Otosclerol)[동경(東京) 우전합자회사(友田合資會社)]

원료—승마주제(升麻主劑)

이명증(耳鳴症)에 진통제로 쓴다. 승마(升麻)는 해백독벽온역장기(解百毒辟瘟疫瘴氣)사기라 하였으니 해독해열제(解毒解熱劑)이다.

5. 아케빈(Akebin)(삼공)

원료—목통(木通)

신장질환(腎臟疾患), 각기부종(脚氣浮腫)에 내복(內服)한다. 한방에선 이뇨약(利尿藥)으로 쓰고 진통배농통경작용(鎭痛排膿通經作用)이 있으니 임부부종(姙婦浮腫)에 목통산(木通散)이 응용된다.

6. 쑤하톨(Tuhetol)[동경(東京) 삼행상회(三行商會)]

에스보민(Esvomin)[동경(東京) 제국제약주식회사(帝國製藥株式會社)]
원료—둘이다—반하주제(半夏主劑)

진구약(鎭嘔藥). 반하(半夏)는 고래진토(古來鎭吐)의 요약(要藥)으로 특히 오조(惡阻)에 상용된다. 위습을 마르게 하고 담을 제거하며 비위에 원가를 북돋우며[(消痰下肺氣開胃健脾)], 구토와 위가 냉해지는 것을 막으니, 구토의 방학으로 최고의 처방[止嘔吐胃冷嘔吐方藥之最要]이라 하였다. 소화(昭和) 7년도 제오개정일본약국방(第五改正日本藥局方)에 새로이 수재(收載)되었다.

7. 가야놀(Kayanol)[강산림원천랑상점(岡山林源千郎商店)]

원료—비실유(榧實油)

십이지장충구제약(十二指腸虫驅除藥). 비자(榧子)는 민간에서도 촌백충약(寸白虫藥)으로 상용한다.

8. 마크닌(Macnin)[대판등택상점(大阪藤澤商店)]

띠게닌(Digelnin)[대판무전상점(大阪武田商店)]

띠겔민(Digelmin)(삼공)

띠게락신(Digeraxin)(염야의)

안테닌(Anthenin)(제국제약)

헬미날(Helminal)[독일(獨逸)멜그 제약회사(製藥會社)]

노이·마루꼬닌(Neu-Marukonin)[명고옥소도상점(名古屋小島商店)]

원료— 모다 자고채(鷓鴣菜)[일명해인초(一名海人草)]

회충구제약(蛔虫驅除藥). 한방에서는 회충구제(蛔虫驅除)의 목적으로 자고채탕(鷓鴣菜湯)과 파두자채환(巴豆鷓鴣菜丸) 등이 쓰인다.

9. 염산불보카프닌(Bulbocapnin)[멜그회사(會社)]

엔푸신(Enfusin)(삼공)

원료—연호색(延胡索)

진통제주사약(鎭痛劑注射藥). 한방에선 어혈(瘀血)을 파(破)하는 요약(要藥)으로 특히 통경(通經)과 월경통(月經痛), 자궁제병(子宮諸病)에 상용한다. "어혈과 고르지 않은 부인의 월경, 산후의 여러 병과 박손어혈(撲損瘀血)을 풀어주며, 피를 잘 통하게 해주고, 기체(氣滯)와 혈체(血滯)를 고르게 해준다. 그러므로 인간의 몸에서 발생하는 여러 병증에 말할 필요 없을 만큼 절묘히 잘 맞는다[破血婦人月經不調産後諸病撲損瘀血, 能行血中氣帶中血滯故專治一身上下諸痛用之中的妙不可言]고 하였다."

10. 에바닌(Evanin)(무전)

플라티코틴(Platycodin)(등택)

원료—길경(桔梗)

거담제(祛痰劑). 길경(桔梗)은 폐 부위의 풍열을 없애주며(除肺部風熱), 머리와 눈, 목구멍, 가슴의 체기(滯氣)와 통증을 시원하게 해주며(淸利頭目咽嗌胸膈滯氣及痛), 코막힘 제거(除鼻塞云云)라 하여 거담진해(祛痰鎭咳)의 목적으로 상용한다.

11. 후스톨(Hustol)[대판흑전약품상회(大阪黑田藥品商會)]

원료―길경(桔梗)에 마황성분(麻黃成分)을 배오(配伍)하였다.

사담지제(祉痰之劑). 한방(韓方)에선 마황(麻黃)을 발한진해제(發汗鎭咳劑)로 쓴다. 중풍과 상한 두통과 온학(溫瘧)에 땀구멍을 열어 땀을 흘리게 하고, 사열기를 제거하며, 해역(咳逆上氣)을 그치게 하는 것은 그 성질이고, 현재의 초기 감기에는 마황탕이 주약이다[中風傷寒頭痛 溫瘧 發表出汗 去邪熱氣 止咳逆上氣其性傷寒太陽症 麻黃湯主藥].

12. 네오에바닌(Neo-Evanin)(무전)

원료―질경(桔梗)과 괄루인(括摟仁)

거담(祉痰)에 해열과 객혈을 그치게 하는 작용(解熱止咯血作用)을 겸비시킨 제제다. 괄루(括摟)는 윤폐조(潤肺燥), 열증을 막고 해수를 다스리며, 뭉친 담을 제거해주고, 인후통을 완화시키며 소갈을 멈추게 한다[防火治咳嗽滌痰結利咽喉止消渴] 하여 해수(咳嗽), 열성병구갈(熱性病口渴), 객혈(咯血)에 응용한다.

13. 염산에페드린(Ephedrin)[약국방(藥局方)]

원료―마황(麻黃)의 주성분(主成分)

산동약(散瞳藥)으로 쓰며 천식(喘息), 백일해(百日咳)에도 쓴다.

14. 후스타긴(Hustagin)[동경등영약품상회(東京藤永藥品商會)]

히데인(Hycein)[동경(東京)라듸움제약주식회사(製藥株式會社)]

후스티딘(Hustidin)[동경소화제약합자회사(東京昭和制弱合資會社)]

원료—차전초(車前草)

진해제(鎭咳劑)로서 특장(特長)은 소화기(消火器)를 해치지 않음에 있다. 한방에서는 이뇨(利尿), 진해(鎭咳), 지사(止瀉)에 쓰인다.

부기(附記)

마황(麻黃), 길경(桔梗), 반하(半夏), 차전자(車前子) 등을 배합 혹은 단독제제한 신약이 이상에 예한 외에도 많다. 이를테면 마황차전초(麻黃車前草)의 추출물(抽出物)인 '하오닌', 길경반하배합제(桔梗半夏配合劑)에 '유벤', 길경마황(桔梗麻黃)세네가근배합합제(根配合合劑) '기시꼬논', 그 외에도 '후스겐', '헥트롤', '산로이드', '마르고혼', '가마린' 등이 있으나 다 진해거담제(鎭咳祛痰劑)로 양약계에서 상용되는 약들이다.

15. 글라빈(Glabin)[동경조거상점(東京鳥居商店)]

원료—감초(甘草)

후두염(喉頭炎), 천식(喘息) 등에 진해제(鎭咳劑)로 쓰며 특히 음성을 청량케 한다고 한다. 한방에서는 감초의 미성작용유무를 알 수 없으나 비위의 부족함을 보충해주고 십이경맥의 완급을 통행시켜주며, 모든 약들을 잘 조화시켜주고, 모든 약의 독을 풀어준다[補脾胃不足通行

十二經緩急協和諸藥解百藥毒] 하여 하도 많이 쓰이기 때문에 속칭 '약방에 감초'란 말도 있다. 일본약국방엔 감초엑쓰, 감초고(甘草羔)가 수재(收載)되어 있다.

16. 아스몬(Asrmon)[동경전변오병위상점(東京田邊五兵衛商店)]

원료─죽절인삼외마황만타라엽(竹節人蔘外麻黃曼陀羅葉)

진해거담제(鎭咳祛痰劑). 한방에서도 거담약(祛痰藥)으로 쓴다.

17. 알리사틴(Allisatin)[서서(瑞西)싼도쓰사(社)]

알루스(Allus)[동경일신의학사(東京日新醫學社)]

원료─대산(大蒜)

정장결핵약(整腸結核藥)인 동시 자양강장제(滋養強壯劑)로서 마늘제제는 민간약으로 성황 중에 있다. 한방에선 이뇨건위구충약(利尿健胃驅蟲藥)으로 쓰인다.

18. 찌노민(Zinomin)(염야의)

원료─목방기(木防己)에 '살지루산(酸)'제배합(劑配合)

류머티스, 신경통치료제(神經痛治療劑). 한방에선 이뇨제(利尿劑)로 수종림질(水腫淋疾) 등에 응용된다.

19. 염산쉬노메닌(Shinomenin)(염야의)

염산파라쉬노메닌(Parashinomenin)(염야의)

원료—한방기(漢防己)

근육급관절(筋肉及關節), 류머티스, 신경통(神經痛) 등에 유효하다. 목방기(木防己)와 동양.

20. 오토기닌(Otoginin)[기부비태화학공장(岐阜斐太化學工場)]

원료—소련교(小連翹) 중의 단닌제제.

류머티스, 신경통(神經痛)에 쓴다. 단닌산(酸)은 수렴작용(收斂作用)이 유(有)한 약물(藥物)로 소련교(小連翹)를 한방에서는 지혈약(止血藥)으로도 쓴다.

21. 오이메놀(Eumenol)(독일멜그회사)

원료—당귀(當歸)

통경과 진정제(通經及鎭靜劑)로 상용한다. 한방에선 온성강장약(溫性强壯藥)으로 빈혈성어혈(貧血性瘀血)을 제거하므로 부인산후의 요약인 동시에 통경진정약(通經鎭靜藥)으로 많이 쓰인다.

22. 소-베란(Saureran)[장명연구소(長命研究所)]

원료—고련피(苦練皮)와 해인초(海人草)

충회충구제(虫蛔虫驅除)약. 고련피(苦練皮)는 한방에서도 충구제(虫驅除)의 목적으로 전용(煎用)한다.

23. 고로산(철자미상)(독일)

갈리셋트(철자미상)(삼공)
원료—래복(萊菔)(무)

담석증(膽石症) 치료약(治療藥). 담을 없애주고, 기침과 천식을 멎게 해주며, 폐위(肺痿)와 토혈을 다스린다[消痰止欬治肺痿吐血]. 위액의 역류, 위산과다 증세에 주된 효과를 보이며, 적체(積滯)를 풀어주고, 술을 해독시켜주며, 어혈을 풀어주니[主效吞酸化積滯解酒毒散瘀血], 이것이 무의 약성이다.

24. 유글린(Juglin)(삼공)

원료—호도(胡桃)의 미숙과(未熟果)

종창소양(腫脹瘙痒)에 유효하다. 호도인(胡桃仁)은 자양강장제(滋養强壯劑)인 동시에 호도유(胡桃油)는 옹종, 려풍, 개선, 양매, 백독 등의 모든 창(瘡)을 다스린다[治癰腫癘風疥癬楊梅白禿諸瘡] 하였다.

25. 퍼-시카(Persica)[동경유마양행(東京有馬洋行)]

원료—백도화(白桃花)

하제(下劑), 한방에서도 이뇨(利尿)와 준하제(峻下劑)로 수종비결(水

腫秘結) 등병에 응용한다.

26. 쑤소인(Tusoin)[동경제일제약주식회사(東京第一製藥株式會社)]

엑소린(Exorin)[동경우진목제약소(東京宇津木製藥所)]

원료―조래(皂莢), 조각자(皁角子)

거담제(祛痰劑), 조래(皂莢)와 조각자(皁角子)는 거담약(祛痰藥)으로
우(又)는 임질(淋疾)에 이뇨약(利尿藥)으로 쓰인다. 조래말(皂莢末)과
조육(棗肉) 등 분밀환(分蜜丸)한 것을 조래환(皂莢丸)이라 하여 해수빈
발(咳嗽頻發)하는 때 응용한다.

27. 피스틴(Pistin)(삼공)

타칼리딘(Takalidin)(무전)

원료―옥촉서자예(玉蜀黍雌蘂)

신장질환(腎臟疾患). 수종성각기(水腫性脚氣)와 기타 일반 수종성질
환에서 이뇨약으로 내복한다. 『방약합편(方藥合編)』엔 평능개위약림
(平能開胃藥淋)이라 하였고 『본초강목』에도 소림력(小淋瀝)과 사석통
(沙石痛)에 전음(煎飮)하라 하였다.

28. 비그신(Bigsin)[강산임원십랑상점(岡山林源十郎商店)]

원료―재(梓)

이뇨제(利尿劑).

29. 호마유(胡麻油)[국방소재(局方所載)]

연고(軟膏)의 원료. 한방에서도 호마(胡麻)는 강장점활약(剛腸粘滑藥)으로 해독(解毒)에 유효(有效)하고 또 외용(外用)에는 소염치창(消炎治瘡)에 유효함을 알고 있다.

30. 고초(蕃椒)를 원료로 한 국방제제와 신약

① 번초정기(蕃椒丁幾) 복방(複方)크롤포름모푸핀정기(丁幾)
② 갚흐솔린(Capsolin)[미국제(米國製)] 번초(蕃椒), 파두유(巴豆油), 장뇌합제(樟腦合劑).
③ 아네메(Anema)[소도(小島)] 임부구토(姙婦嘔吐)와 반훈(般暈) 진구제(鎭嘔劑)
④ 갚흐시진(Capsicin)[멕그 제(製)] 위통(胃痛)에 내복(內服)하며 신경통(神經痛) 류머티스에 외용(外用)한다.
⑤ 칼로리선(綿)(Calorimen)[흑촌삼치상점(黑村三治商店)] 신경통(神經痛)에 외용(外用)
⑥ 콘그리인(Congryn)[소도(小島)] 동상(凍傷)에 도포(塗布)
번초(蕃椒)가 식욕항진(食慾亢進)에 유효(有效)한 것은 주지의 사실이다.

31. 박하유(薄荷油)[일본약국방수재(日本藥局方收載)]

박하뇌(薄荷腦)(동)
원료―박하(薄荷)

교미교취제(矯味矯臭劑). 머리와 눈을 맑게 해주며, 풍담(風痰)과 골증(骨蒸)에 복용할 수 있다[淸頭目風痰骨蒸但可服]고 하였고, 또 모든 약을 영기(營氣와)와 위기(衛氣)로 끌어들이므로 풍한(風寒)을 발산시킨다[引諸藥入營衛故發散風寒]라 하였다(方藥合編). 본초(本草)엔 "묘견호지주야[猫犬虎之酒也]"란 구절이 있다.

32. 회향유(茴香油), 회향정(茴香精), 암모니아회향정(茴香精), 회향수복방(茴香水複方)센나지제(舐劑), 복방감초산(複方甘草散), 센나시룹[개(皆)일본약국방수재약]

원료—소회향(小茴香)

건위구풍거담약(健胃驅風祛痰藥). 한방(漢方)에서도 고래(古來)로 건위구풍(健胃驅風)에 소용(所用)된다.

33. 폴리가몰(Polygamol) 동경유마기념화학연구소(東京有馬記念化學硏究所)

원료—목천료(木天蓼)

강심이뇨주사약(强心利尿注射藥). 온보지약(溫補之藥). 천료주(天蓼酒)의 원료(原料).

34. 파두유(巴豆油)(일본약국방)

원료—파두(巴豆)

준하약(峻下藥). 독약류(毒藥類). 한방에서는 음양허실(陰陽虛實)을 살펴 조심(操心)히 중용하는 약재다.

35. 비마자유(蓖麻子油)(국방)

부사(富士)리지넬(Fuji Ricinale) 카스탈롤(Castalol)
리지콜(Ricicol) 리지카(Ricica)
리지나(Ricina) 리신(Risin)
락크리스(Laeris) 아로카스(Arocas)
도난(Donan) [이상각제조사명략(以上各製造社名略)]

원료—비마자(蓖麻子)

하제(下劑)로 상용된다. '주로 반신마비[偏風不遂] 구안와사(口眼喎斜), 실음구금(失音口噤) 이롱(耳聾)과 각기(脚氣) 독종(毒腫) 여인네의 태의불하(胎衣不下) 등의 증상에 효과가 있다. 신체 각 장기의 오관(五官)을 개통시키고, 경락(經絡)의 통증을 그치게 하며, 소종(消腫) 추농(追膿) 발독(拔毒) 드의 효능을 가진다'고 했다..

36. 원지급원지사리별(遠志及遠志舍利別)국방소록(局方所錄)

원료—원지(遠志)

거담제[祛痰之劑]. 원지(遠志)는 기를 따뜻하게 하여 두근거림과 놀람을 진정시키고 신경을 안정시켜주며, 총명함을 더해준다[氣溫勵悸驚安神鎭心益聰明] 하여 예로부터[自來] 담을 제거하며 지혜를 더해주는 약(祛痰益智之劑)으로 알려져 있다.

37. 밀감유(蜜柑油)(국방)

원료—진피(陳皮)

방향성건위제(芳香性健胃劑)

38. 루타민(Rutamin)(제일제약)

원료—오수유(吳茱萸)

자궁긴축약(子宮緊縮藥). 오수유(吳茱萸)는 내려간 기운을 따뜻하게
해주며, 울체를 풀어주고 한통(寒痛)을 잡아주며, 습(濕)을 제거하고
충(虫)을 죽이며, 설사를 그치게 하며, 담(痰)을 없애준다[溫中降氣開鬱
滯治寒痛除濕殺虫止瀉化痰云云]. 또 향신성건위제(香辛性健胃劑)라 한다.

39. 와까말(末)[동경남신당(東京南信堂)]

원료—황백(黃柏)[일명황얼(一名黃蘗)]

건위정장(健胃整腸)이 그 주효(主效)다. 황백(黃柏)은 화증은 내려주
고 열증은 시원하게 해주며, 습과 황달을 제거해주며 신조(腎燥)를
해소해준다[降火淸熱去濕除黃潤腎燥]라 하였고 건위제(健胃劑)로도 쓴다.

40. 아마인유(亞麻仁油)(국방)

원료—아마인(亞麻仁)

연고유지(軟膏油紙)의 원료로 쓴다.

41. 갈전분(葛澱粉)(국방)

원료—갈근(葛根)

정제(錠劑)의 부형약(賦形藥)이다. 갈근(葛根)은 발한해열(發汗解熱)의 요약(要藥)으로 갈근탕(葛根湯)의 주군약(主君藥)이다.

42. 행인(杏仁), 행인유(杏仁油), 행인수(杏仁水)[이상(以上)국 방소재]

원료—행인(杏仁)

진해제(鎭咳劑). 한방에서도 해수천식(咳嗽喘息)과 폐열(肺熱)을 제거할 목적으로 상용한다.

43. 아편말(阿片末), 아편정기(阿片丁幾) 도—플산(散) 모르핀 고데인(이상국방소록)

원료—앵속(罌粟)

유명한 진통제. 중조(重曹)와 함께 양약계의 쌍벽이다. 한방에서는 복통이질(腹痛痢疾) 등에 진통제로 흔히 전용(煎用)한다.

44. 계피(桂皮), 계피정기(桂皮丁幾), 계피유(桂皮油), 계피사리별 (桂皮舍利別), 계피정(桂皮精), 계피수(桂皮水)[이상(以上)국방]

원료—계피(桂皮)와 계지(桂枝) 방향성건위제(芳香性健胃劑). 계피(桂皮)는 한방에서의 중요약재로 계지는 계지탕(桂枝湯)의 군약(君藥)이다.

45. 황련급황련(黃連及黃連)엑스(국방)

원료—황련(黃連)

고미성건위제(苦味性健胃劑). 황련(黃連)의 약성은 심장의 화와 간의 화를 진정시키고, 혈열(血熱)과 습열(濕熱)을 서늘하게 해주어 막힌 것을 뚫어준다[入心瀉火鎭肝凉血熱濕熱開鬱云云]이라 하였다.

46. 대황(大黃), 대황정기(大黃丁幾), 대황월기사(大黃越幾斯), 대황사리별(大黃舍利別)(국방)

원사(原料)—대황(大黃)

건위급하제(健胃及下劑)로 중요한 약이다. 세계 각국 약국방에 거의 수록되어 있다. 대승기탕(大承氣湯), 소승기탕(小承氣湯), 대황감초탕(大黃甘草湯) 등의 주제로 하제(下劑)로서는 최귀(最貴)의 약이다. 변비(便秘), 이질(痢疾), 장결(腸結) 등에 가위(可謂), 장군(將軍) 같은 위효(偉效)가 있으니 대황(大黃)을 일명 장군(將軍)이라 한다.

47. 생강(生薑), 생강정기(生薑丁幾), 생강사리별(生薑舍利別) (일본국방)

원료—생강(生薑)

향신성건위제(香辛性健胃劑). 생강(生薑)은 방약합편(方藥合編)에 성온능거예창신개위협담해(性溫能祛穢暢神開胃吅痰咳)라 하였고 한약포지(漢藥包紙)에 간삼소이(干三召二) 등의 약자(略字)는 한방계의 특이(特異)한 명물(名物)이다.

48. 안듸스타히로긴(철자미상)[오거(烏居)]

원료—천궁(川芎), 산약(山藥), 안식향(安息香), 작약(芍藥)의 합제(合劑).

축농증(蓄膿症)과 화농성질환(化膿性疾患)에 내복한다. 한방과 근사한 복합약제다. 각약성은 불필개론(不必皆論).

49. 기도닌(철자미상)[마루고상회(商會)]

원료—서과(西瓜), 동과(冬瓜)

이뇨제(利尿劑). 민간에서도 오이, 수박을 먹으면 오줌을 잘 눈다는 말이 있다.

50. 뿌로지모-르(철자미상)[오거(烏居)]

원료—해송인(海松仁)

암질환치료제(癌疾患治療劑). 해송자(海松子)는 보혈강장제(補血强壯劑)로써 진액을 생하고 정혈을 기르는 등등[生津液養精血云云]이라 하고 사상의학(四象醫學) 창시자 이제마(李濟馬) 씨는 그의 해송자론(海松子論)의 말미에 상초인(上焦人)의 삼신산불사약(三神山不死藥)이라고까지 말하였다.

이상의 산란한 열거이나마 오인은 다소간 한약과 양약과의 근린관계를 짐작할 수 있고 합성약품 외의 생약을 원료로 한 약물은 거의 민간의 경험과 고래의 문헌에 의거하지 않음이 없음을 알 수 있다. 이상의 열거 외에도 민간약과 한약을 원료로 한 제제는 누백(累百)으로 셀 수가 있으나 여(余)의 조사의 미급한 원인이나 조장함을 피키 위하여 이를 약하였다. 매독치료제로 비소수은제를 쓴 것은 고인이 이미 경험한 바 있고 학질에 퀴닌(금계납)을 쓰게 된 것은 이미 남미토인에게서 배웠던 것이다.

끝으로 일언코저 하는 것은 양의술에서는 시술상 단미주의와 병명주의에 편의되어 있으니 이상의 약물의 운용도 이 규범 하에서 응용되나 한방에서는 이상의 약재가 단미로 쓰이는 경우는 극히 희소하니 그 병세의 변화를 좇아 이상 약재를 주제로 한 처방류를 예시함이 가하거늘 이를 하지 못한 것은 이 역 본의는 아니나 번잡을 피키 위함이었다. 그러나 단미의 한의학적 약성이 없는 것은 아니니 이상의 약술한 바가 단미약성의 편영이다. 그의 용의주도한 약성(藥性)의 심고문헌(深考文獻)은 고인의 서도 많고 현대인의 연구도 적지 않다. 여의 학력이 원체 아직 미련한 것은 어찌할 수 없더라도 앞으로의 노력을 쌓아 후일 벼루를 다시 갈 기회가 있기를 기대하며 졸렬한 이 찬문(撰文)을 끝맺는다.

8장

이동무 사상설 논고

머리말

　동무(東武) 이제마(李濟馬)[1]의 사상설(四象說)[2]은 비록 그가 유학(儒學)의 바탕 위에서 성장했다손 치더라도[3], 어디에도 사승(師承)을 댈 길이 없을 만큼 독창적이다[4]. 그렇다고 해도 그의 사상설(四象說)이 결코 '유(儒)'라는 토양 위에서 생성되었다는 엄연한 사실마저 부인할 수는 없기 때문에, 우리는 그분의 사상설(四象說)가 지닌바 '유(儒)' 안에서의 독창성의 한계를 가려내야 하지 않을까 한다.

　정녕코 그의 사상설(四象說)은 '유(儒)'의 전통세계에서는[5] 탁연(卓然)히 탈출해 있음에도 불구하고, 그는 그의 동향(同鄕) 선배(先輩)인 한석지(韓錫地, 1797~1863)[6]처럼 반송학적(反宋學的) 직언(直言)을 일

---

1) 李濟馬(1837~1900), 咸興産, 東武는 號.

2) 李東武의 四象說은 흔히 四象醫學說이라고도 하지만 이는 醫學說에 한정된 학설이 아니므로 그저 이를 四象說이라 해둔다. 이 說 이후에 儒說의 단계를 벗어난다면 아마도 하나의 學으로서의 四象學이 성립될지도 모른다.

3) "儒로서 能히 진리를 발명한 자"(李能和, 『朝鮮佛教史』(下). 高麗末世 儒風始起).

4) "開化의 創을 成하는 發明力 獨創力"을 "이론적 방면에 縱橫히 발휘한 자"(崔南善, 『時文讀本』(卷四), 第四課 我等의 財産).

5) 주로 宋代 性理學的 世界를 의미한다.

삼지 않았기 때문에, 전통적 유학세계 안에서의 그의 학적 위치를 설정하기란 그리 쉬운 일이 아니다. 그러나 이러한 분간은 그의 독창성을 굳히기 위해서도 절실히 필요한 작업이 아닐 수 없다. 왜냐하면 그의 사상설(四象說)의 원전(原典)인 『동의수세보원(東醫壽世保元)』이 간행된[1901년, 신축년(辛丑年)] 후로, 임상적(臨床的) 시행(施術)이 행해진 지도 어언 반세기가 훨씬 넘었지만, 아직도 사상설(四象說)에 대한 신비주의적—또는 관념론적—장막이 걷히지 않고 있기 때문이다. 아무튼 그의 사상설(四象說)은 어디까지나 하나의 가설(假說)인 것이다. 그러므로 이에 대한 실증적(實證的) 규명(究明)이 있어야 함은 다시 말할 나위도 없다. 그리하여 하나의 가설이 정설로서 될 수 있는 기틀을 찾아내도록 해야 할 것이다.

---

6) 韓錫地(1797~1863), 號 芸菴.

1. 철학적(哲學的) 입장(立場)

　　동무(東武)는 '사상(四象)'이라는 단어를 『주역(周易)』에서 빌려다가[1]
'사상인(四象人)'이라는 단어를 만들어 쓴 최초의 사람(人)이다.[2] 그
구체적 내용이 '태소음양인(太少陰陽人)'이다.[3] 그러므로 이는 그가
장부론적(臟腑論的) 구분[4]과 심성론적(心性論的) 구별[5]에서 보여준 바
와 같이, 그의 사상설(四象說)은 한 마디로 말해서 인간적(人間的)이라
고 할 수 있다. 좀 더 구체적 표현을 빌린다면 사상설적(四象說的) 인
간학(人間學)이라고 해야 할는지 모른다. 그것은 아마도 지금까지 다
루어진 그 어느 형태의 인간학과도 구별되는 독창적 신인간학(新人
間學)이다.

　　이에 사상학적(四象學的) 신인간학(新人間學)은 비록 독창적인 내용
을 지니고 있다손 치더라도, 한 '인간'의 신체적(身體的) 조직(組織)과

---

1) "易有太極 是生兩儀 兩儀生四象"(「繫辭傳」)
2) 「四象人辨證論」(『東醫壽世保元』卷四)(이하 『保元』으로 略稱)
3) 同書.
4) "人稟臟理 有四不同"(同前書 卷一 四端論.)
5) "人趨心慾 有四不同"(同前書.)

생리적(生理的) 기능(機能)에 따른 심성적(心性的) 정의와 정신적(精神的) 욕구까지를 문제 삼고, 나아가서는 한 '인간'의 윤리적 생활의 근원으로서 우주론적 원리까지를 문제 삼으면서, 한 '인간'을 전체적 구조의 통일체로 간주했다는 점에서, 아마도 이를 철학적 인간학의 테두리 안에 넣을 수 있을 것으로 여겨진다. 철학적 인간학이란 다름 아닌 전체 인간의 구조적 연구를 목적으로 삼는 자이기 때문이다.

그렇다면 동무(東武)의 사상학(四象說)은 사실상 한 의학설(醫學說)이라기보다는, 차라리 철학의 기초학으로서의 신인간학설(新人間學說)이랄 수밖에 없다. 그러므로 우리는 사상설(四象說)의 장부론적(臟腑論的) 해설에 앞서 그의 철학적 문제점들을 우선적으로 다루지 않을 수 없다.

정녕코 한 '인간'의 존재양상과 그의 본질을 연구(究明)하기란 그리 쉬운 일이 아니다. 이미 태서의학(泰西醫學)의 많은 사람들이 한 '인간'을 철학적, 종교적, 윤리적, 사회적, 의학적 등등 각양한 측면에서 다루어 왔지만, 그것들이 만일 '전인적(全人的) 인간상(人間像)'에 미흡한 것이고 보면 '인간'이란 무엇인가에 대한 유일의 해답이 되지는 못할 것이다. 그렇다면 동무(東武)의 사상설(四象說)은 철학적 인간학으로서 과연 어떠한 구실을 하고 있는 것일까.

1) 구조적(構造的) 원리(原理)로서의 사상(四象)

사상설(四象說)은 물론 역리(易理)를 기초로 하여 성립되기는 하였지만 거기에는 스스로 한계가 있다. '양의가 사상을 생한다[兩儀生四象]'는 말이 의미하는 것은 사상(四象)이란 음양(陰陽)이 나누어진 자임을 가리킨 것이다. 그것은 곧 사상(四象)이란 음양(陰陽)의 사상(四象)이란 점에서 음양론적(陰陽論的)임을 의미한다. 그러나 왜 태소음양(太少陰陽)으로서의 사상(四象)을 보다 더 뚜렷하게 내세우는 것일까. 여기에 이미 사상설(四象說)은 '사상(四象)'을 사원구조(四元構造)의 원리(原理)로서 내세우게 되는 기본 입장이 있음을 짐작할 수 있다.

그러므로 사상설(四象說)는 음양(陰陽)의 사상구조설(四象構造說)이라 해야 할는지 모른다. 소위 역리(易理)로 따진다면 "사상이 팔괘를 생하고(四象生八卦) 팔괘가 길흉을 정하고(八卦定吉凶) 길흉이 대업을 생한다(吉凶生大業)"[6]라 한 데서 비롯하여 팔괘(說卦) 물상(物象)이 팔괘(八卦)에서 이루어지고[7], 문왕팔괘도(文王八卦圖)와 복희팔괘도(伏羲八卦圖)가 또한 팔괘(八卦)로써 방위(方位)를 설정하는 것 등에서 보여준 바와 같이, 역리(易理)는 음양론적(陰陽論的) 팔괘설(八卦說)인 것이다. 그렇다면 사상(四象)이란 음양양의(陰陽兩儀)에서 팔괘(八卦)로 나누어지게 되는 중간자에 지나지 않는다.[8] 그럼에도 불구하고 동무(東武) 사상설(四象說)에서는 사상(四象)을 오히려 가장 중요한 근원적 요소로 간주하고 있으니, 여기에 동무(東武) 사상설(四象說)이 전통역리(傳統易理)에서 멀리 떠나온 독자적 입장이 있다.

첫째, 사상설(四象說)는 팔괘(八卦) 및 육십사괘(六十四卦)에 따르는 수리적(數理的) 역리(易理)에 대하여는 전적으로 관여하고 있지 않음을 지적하지 않을 수 없다. 그러므로 동무(東武) 사상설(四象說)은 사

---

6) 『周易』, 繫辭傳上, 第十一章. 四象生八……四象은 八卦를 낳고 八卦는 吉凶을 결정하고 吉凶은 大業을 낳는다.

7) 『周易』, 說卦傳 참조.

8) 伏羲에 의하면 太陽☰☱ 太陰☷☶ 少陽☲☳ 少陰☴☵인데, 茶山에 의하면 그의 少者卦主之說에 의하여 太陽은 乾☰이요 太陰은 坤☷인데, 少陽은 震☳坎☵艮☶이요 少陰은 巽☴离☲兌☱라 하였다. 이렇듯 四象은 易理上 그의 卦形마저도 구구하리만큼 그리 크게 문제 삼지 않았음이 분명하다.

상(四象)으로 하여금 사원구조적(四元構造的) 이론 전개의 방편이 되게 했을 따름이요, 역리(易理)의 전반적(全般的) 원용(援用)에 대하여는 아무런 관심도 표시한 바 없다.9)

둘째, 사상설(四象說)은 태극(太極) 음양(陰陽)에 대하여는 그가 지닌 본연의 개념을 그대로 수용함으로써 사상(四象)의 개념을 더욱 뚜렷이 굳히고 있다. 태극(太極)은 '중앙지태극(中央之太極)'이라 하여, 전인구조(全人構造)의 통일적(統一的) 또는 총체적(總體的) 포괄자로 파악하였고10), 음양(陰陽)은 기(氣)의 상승(上昇)·하강(下降)의 개념으로 풀이함으로써 사상(四象)의 음양론적(陰陽論的) 의미를 더욱 뚜렷하게 보강해주고 있다.11)

그러므로 사상설(四象說)은 역리(易理)에서 태극(太極) 음양설(陰陽說)을 원용하여 자기의 설(說)을 굳히었고, 팔괘설(八卦說) 이하를 채택하지 않음으로써 그의 사상론적(四象論的) 원리(原理)의 산만(散漫)을 방지했다고 해야 할 것이다. 이렇듯 사상론적(四象論的) 원리(原理)는 사상설(四象說)을 정립(定立)시킨 일괄된 원칙으로서 이의 구조적 발전의 기틀을 이루고 있다.

첫째, 사상설(四象說)가 지닌 사원론적(四元論的) 원리(原理)는 복합사원구조(複合四元構造)를 형성하여, 그 내실이 완벽한 정전황극형(井田皇極形)의 구조를 만들어내고 있다12). 복합사원구조(複合四元構造)

---

9) 적어도 『東醫壽世保元』의 全文을 통하여 一句의 언급도 없기 때문이다. 그의 格致藁의 著述에 대하여는 잠시 이를 論外로 한다.

10) "五臟之心 中央之太極也……中央之太極 聖人之太極 高出於衆人之太極也"(『保元』卷一「四端論」)

11) "哀怒之氣 順動則 發越而上騰 喜樂之氣 順動則 緩安而下墜 哀怒之氣陽也 順動則 順而上升 喜樂之氣陰也 順動則 順而下降"(同前書)

12) 囲形은 곧 上下 左右가 四点으로 연결됨과 동시에 口字形의 內實은 井字形을 형성하여 洪範九疇의 皇極形을 방불하게 하고 있다. 이를 참고로 표시하면 다음과 같다.

란 상하(上下)로나 좌우(左右)로나 다 같이 사원구조(四元構造)를 형성하고 있음을 가리킨 말이니, 이를 증시(證示)하기 위하여 이목구비(耳目鼻口)·폐비간신(肺脾肝腎)·함억제복(頷臆臍腹)·두견요둔(頭肩腰臀)의 사원구조(四元構造)를 원시(圖示)하면 다음과 같다.

이(耳) — 폐(肺) — 함(頷) — 두(頭)
　｜　　　　｜　　　　｜　　　　｜
목(目) — 비(脾) — 억(臆) — 견(肩)
　｜　　　　｜　　　　｜　　　　｜
비(鼻) — 간(肝) — 제(臍) — 요(腰)
　｜　　　　｜　　　　｜　　　　｜
구(口) — 신(腎) — 복(腹) — 둔(臀)

이러한 복합사원구조(複合四元構造)는 전통적(傳統的) 역리(易理)와는 무관할 뿐 아니라, 그의 정전황극형(井田皇極形)은 도리어 폐비간신심(肺脾肝腎心)의 태극사유설(太極四維說)[13]의 기틀이 된다고 할 수 있다. 여기에 사상설(四象說)의 또 하나의 독자적 입장이 있다.

둘째, 이러한 복합사원구조 안에는 사차원적(四次元的) 세계관(世界觀)이 상징적으로 함축되어 있음을 볼 수 있으니 먼저 성명론(性命論)의 천기(天機)를 예시하면 "천시(天時)는 극탕(極蕩)하고, 세회(世會)는 극대(極大)하며, 인륜(人倫)은 극광(極廣)하고, 지방(地方)은 극막(極邈)하다"[14]에서 탕(蕩)·대(大)·광(廣)·막(邈)이 곧 시간(時間)·입체(立

一五行	四五紀	七稽疑
二五事	五皇極	八庶徵
三八政	六三德	九福極

13) "五臟之心 中央之太極也 五臟之肺脾肝腎 四維之四象也"(『保元』卷一「四端論」)

14) 天時極蕩也……天時는 지극히 蕩하고, 世會는 지극히 廣하고, 地方은 지극히 邈하다(『保元』卷一「性命論」).

體)·평면(平面)·선(線)의 사개념(四槪念)으로 설정되기 때문이다[15]. 지방(地方)은 동방(東方)·서방(西方)하는 향방(向方)의 선개념(線槪念)이요, 인륜(人倫)은 부자(父子)·형제(兄弟)·붕우(朋友)·부부(夫婦) 등의 횡적(橫的) 평등개념(平等槪念)이요, 사회(世會)는 천하(天下)·국가(國家)·사회제도(社會制度)의 조직개념(組織槪念)이요, 천시(天時)는 변천추이(變遷推移)의 유동개념(流動槪念)인 점으로도 이를 설명할 수 있을 것이다.

이러한 사차원적(四次元的) 세계관(世界觀)은 또 다른 면에서는 진화론적임을 보여주고 있다. 이 점은 후에 절(節)을 달리하여 설명하겠지만, 어쨌든 사상(四象)이란 사원구조적(四元構造的) 원리(原理)의 역학적(易學的) 술어(述語)에 지나지 않음을 알 수 있다. 그가 지닌바 역학적(易學的) 의의란, 오직 태극(太極)·음양(陰陽)에 근거해 있다는 데에서 찾게 될 따름이므로 이 점을 잠시 살펴보기로 하자.

2) 음양(陰陽)의 대대원리(對待原理)

사상설(四象說)의 근간(根幹)은 사원구조(四元構造)로 형성되었다고 했거니와, 이들 사원구조(四元構造)의 요소들의 상관관계는 음양(陰陽)의 대대원리(對待原理)에 의하여 맺어지고 있는 것이다. 이미 사상(四象)은 음양(陰陽)에서 나왔고 음양은 태극이 분화된 자이기 때문에 사상(四象) 그 자체는 본시 음양설적(陰陽說的)인 것이 아닐 수 없다. 그러므로 음양(陰陽)의 대대관계(對待關係)는 이미 사상(四象)의 속성(屬性)으로 간주되어야 할는지 모른다.

---

15) 邇은 東西南北의 極을 향한 線의 개념이요 廣은 넓이니, 물론 平面의 尺度요 大는 부피—形相—의 입체개념인 것이요, 蕩은 유동적인 歲時의 흐름에서 얻어진 자이다.

음양(陰陽)의 개념은 이미 일월(日月)·명암(明暗)·한서(寒暑)·강유(剛柔) 등에서 밝혀진바, 상징적 대대관념(對待觀念)임은 다시 더 설명할 나위도 없거니와 사상설(四象說)에는 천기(天機)와 인사(人事)[16], 성(性)과 명(命)[17], 지(知)와 행(行)[18], 호선(好善)과 오악(惡惡)[19], 상승(上升)과 하강(下降)[20], 경청(輕淸)과 질중(質重)[21], 애노(哀怒)와 희락(喜樂)[22], 상초(上焦)와 하초(下焦)[23], 온열(溫熱)과 양한(涼寒)[24], 청기(淸氣)와 탁재(濁滓)[25] 등이 음양(陰陽)의 상징적(象徵的) 대대관념(對待觀念)으로 다루어지고 있다. 이들이 만일 대대관계(對待關係)를 떠나서 따로따로 분리되어 버린다면 거기에서 아무런 의미도 찾을 길이 없음은 물론이다. 음양(陰陽)의 대대관계(對待關係)는 그저 무의미한 상대관계(相對關係)가 아니다. 그렇다고 해서 양극(兩極)의 상반관계(相反關係)도 아닐 것이다. 어쩌면 상반(相反)된 대상(相對)이기는 하지만, 상호(相呼)·상응(相應)하는 관계라고 해야 할는지 모른다. 이들은 상대방의 호응이 없이는 자체의 존재 가치는 찾을 길이 없는 상호관계이기 때문이다.

천기(天機)·인사(人事)의 대대관계(對待關係)는 결코 상반된 상대관

---

16) "天機有四 一曰地方 二曰人倫 三曰世會 四曰天時 人事有四 一曰居處 二曰黨與 三曰交遇 四曰事務" (『保元』 卷一 性命論)

17) "博通者性也 獨行者命也"(同前書)

18) "頷臆臍腹 行其知也 頭肩腰臀 行其行也"(同前書)

19) "人之耳目鼻口 好善無雙也" "人之肺脾肝腎 惡惡無雙也"(同前書)

20) "哀怒之氣上升 喜樂之氣下降"(同前書 四端論)

21) "熱氣之輕淸者 上升於胃脘而爲溫氣 涼氣之質重者 下降於大腸而爲寒氣"(同前書 臟腑論)

22) "哀怒相成 喜樂相資"(同前書 四端論)

23) "背上胸上 謂之上焦……脊下臍下以下 謂之下焦"(同前書 臟腑論)

24) "熱氣之輕淸者 上升於胃脘而爲溫氣 涼氣之質重者 下降於大腸而爲寒氣"(同前書 臟腑論)

25) "淸氣出于耳……濁滓外歸于皮毛"(同前書「臟腑論」)

계는 아니면서도, 대동(大同)과 각립(各立)은[26] 상응(相應)하는 상반개념(相反概念)이기도 한 것이다. 결국 한 '인간'은 사원구조(四元構造)를 엮어주는 음양대대관계(陰陽對待關係)인 통일체(統一體)인지도 모른다. 이에 태극(太極)은 이러한 통일체(統一體)의 상징적 중심이 되는 셈이요, 그것은 다름 아닌 주재자(主宰者)로서의 '심(心)'이다.[27]

여기서 한 마디 부언할 것은, 사상설(四象說)은 '태극일음양일사상(太極一陰陽一四象)'의 원리에 입각한 자이니만큼, 오행설(五行說)과는 구별되어야 한다는 점이다. 왜냐하면 오행설(五行說)은 대대원리(對待原理)가 아니라 상생(相生)·상극법칙(相克法則)에 의한 순환원리(循環原理)에 입각한 자이기 때문이다. 그러므로 동무(東武)도 오행설에 관하여는 한 마디의 언급도 없으며, 또한 언급할 수도 없는 입장이었으리라.[28]

3) 천(天)·인(人)·성(性)·명(命)의 구조적(構造的) 통일(統一)

천(天)·인(人)·성(性)·명(命)은 사상설(四象說)의 사원구조(四元構造)를 형성한 사대지주(四大支柱)로서 천기(天機)와 인사(人事)가 대(對)요[29], 성(性)과 명(命)이 대대관계(對待關係)를 이루고 있는데[30], 천기

---

26) 地方과 居處, 人倫과 黨與, 世會와 交遇, 天時와 事務는 이를 잘 설명해 주고 있다. "大同者天也 各立者人也"(同前書 「性命論」)

27) "心爲一身之主宰"(同前書 「臟腑論」)

28) 拙稿, 『四象醫學說批判』, 朝鮮日報에서 언급한 五行說의 項目은 전적으로 訂正되어야 할 것임을 여기서 밝혀둔다.

29) 地方과 居處, 人倫과 黨與, 世會와 交遇, 天時와 事務는 이를 잘 설명해 주고 있다. "大同者天也 各立者人也"(同前書 「性命論」)

30) "博通者性也 獨行者命也"(同前書 「性命論」)

(天機)와 성(性)은 상응(相應)하고[31] 인사(人事)와 명(命)도 또한 상응하여[32], 천성(天性)과 인명(人命)이 크게 대응(對應)하고 있으니 여기에 천(天)·인(人)·성(性)·명(命)의 음양설적(陰陽說的) 사원구조(四元構造)가 존재하고 있다.

어쩌면 태극—음양—사상(太極—陰陽—四象)이 우주론적 과제라 한다면, 천(天)—인(人)—성(性)—명(命)은 인성론적 과제로서 전통유교의 기본문제에 속해 있는 것들이리라.

동무(東武)의 '천(天)'은 두 가지로 생각할 수 있다. '천기유사(天機有四)'의 천(天)과, '천생만민(天生萬民)'하는 천(天)[33]의 둘이다. 후자는 공자(孔子)가 이른바 "천생덕어여(天生德於予)"[34] "천생증민(天生蒸民) 유물유칙(有物有則)"[35]의 천(天)으로서 생민(生民)의 도덕적 근원으로서의 천(天)이니, 동무(東武)에 있어서는 성명(性命)의 근원으로서의 천(天)이라는 점이 다를 뿐, '근원적(根源的) 천(天)'이라는 점에 있어서는 공통된다고 볼 수도 있다. 그러나 전자는 사정이 다르다. 소위 동무(東武)의 독창적(獨創的) 천(天)이랄 수밖에 없기 때문이다.

'천기유사(天機有四)'의 천(天)은 그의 사상적(四象的) 사원(四元)으로서 지방(地方)·인륜(人倫)·세회(世會)·천시(天時)를 셈하여, 인사(人事)의 사상적(四象的) 사원(四元)인 거처(居處)·당여(黨與)·교우(交遇)·사무(事務)와 서로 상대관계(對待關係)를 이루게 하고 있다. 이상

---

31) 大同과 博通이 相應한다.

32) 各立과 獨行이 相應한다.

33) "天生萬民 性以慧覺……天生萬民 命以資業"(同前書)

34) 『論語』 述而. 天生德於予…… 하늘이 내게 德을 낳게 해 주시다.

35) 『詩』 大雅 蒸民篇, 『孟子』 「告子」上. 天生蒸民…… 하늘이 뭇 백성을 낳게 하셨는데 物이 있으면 法則도 있다.

의 사원(四元) 밖에 천기(天機)는 달리 존재하지 않는다. 그러므로 천기(天機)는 상제천(上帝天)도 이법천(理法天)도 자연천(自然天)[36]도 아니다. 어쩌면 천기(天機)란 상제[上天]의 창조적—달리 말하면 진화론적[37]—기능이라고 해야 할는지 모른다.

동무(東武)는 천기(天機)의 무한성(無限性)과 총괄성(總括性)을 지적하고 있다.

극탕(極蕩)·극대(極大)·극광(極廣)·극막(極邈)의 '극(極)'[38]은 곧 천기(天機)의 무한성(無限性)이요, 대동자천야(大同者天也)[39]의 '대동(大同)'은 곧 그의 총괄성(總括性)을 가리킨 자인 것이다. 이렇듯 무한한 총괄성(總括者)로서의 천기(天機)는 사원구조(四元構造)의 기능으로 존재하는 구체적 실존(實存)인 셈이다. 그런 의미에서는 천기(天機)도 급기야 사상설(四象說)적 존재에 지나지 않는다.

천기(天機)와 대대관계(對待關係)를 이루고 있는 인사(人事)도 마찬가지다. 이의 대대관계(對待關係)는 상반관계(相反關係)가 아니라 총체(總體)[대동(大同)]와 개체(個體)[각립(各立)]와의 관계요. 보편(普遍)[대동(大同)]과 특수(特殊)[각립(各立)]와의 관계이다. 그런 중에서도 인사(人事)는 극수(克修)·극성(克成)·극정(克整)·극치(克治)의 '극(克)'[40]에서 보여주는 바와 같이 극기(克己)의 능(能)을 지닌 주체적(主體的) 존재(存在)이다.

---

36) 拙著, 『茶山經學思想研究』, 第二篇 第一節, 三. 天思想의 展開 참조.

37) 진화론적인 것은 그것이 바로 창조적인 것이다. 그것은 일시적 창조가 아니라 지속적 창조인 것이다. 지속적 창조란 그것이 바로 진화의 연속이 아닐 수 없다.

38) 『保元』卷一 「性命論」.

39) (同前書)

40) (同前書)

그러므로 성(誠)의 일자(一字)로 천인합일(天人合一)의 도(道)를 설파한[41] 정통유교의 견지에서 본다면 천기(天機)·인사(人事)의 관계는 합일(合一)이 아니라, 그저 상응(相應)의 관계에 지나지 않는다. 오히려 호선(好善)·오악(惡惡)의 능(能)은[42] 상반관계(相反關係)인 것이다.

다음 성명(性命)이란 본시 '천명지위성(天命之謂性)'[43]에서 유래하여 '천부인성(天賦人性)'이란 의미를 지니고 있으나, 동무(東武)의 성(性)·명(命)은 오히려 이를 대등구(對等句)로 사용하고 있다. 성(性)은 박통자(博通者)요 명(命)은 독행자(獨行者)라 함은[44] 이를 단적으로 가리킨 자이다.

동무(東武)의 성(性)·명(命)의 대대관계(對待關係)는 이에 그친 것이 아니라, 성(性)은 혜각(慧覺)이요 명(命)은 자업(資業)이며, 혜각(慧覺)은 덕(德)을 낳고 자업(資業)은 도(道)를 낳음으로써[45], 백선(百善)은 혜각(慧覺)에서 생기고 백용(百用)은 자업(資業)에서 생긴다고[46] 하였으니, 동무(東武)의 성(性)은 윤리적 실천이요, 명(命)은 생산적(生産的) 실용(實用)이다.

그러므로 그는 지성(至誠)의 덕(德)과 정명(正命)의 도(道)가 쌓임으로써 인성(仁聖)이 된다고 하였으니[47], 인성(仁聖)이란 다름 아닌 윤리적 실천과 생산적 실용이 겸전(兼全)한 도덕인(道德人)에 지나지 않

---

41) "誠者之道也 誠之者人之道也"(『중용』)

42) "人之耳目鼻口 好善無雙也" "人之肺脾肝腎 惡惡無雙也"(『중용』)

43) 『中庸』 首章. 天命之謂性…… 하늘의 命令, 그것이 바로 性이다.

44) 『保元』 卷一 「性命論」.

45) "天生萬民 性以慧覺 萬民之生也 有慧覺則生 無慧覺則死 慧覺者 德之所由生也, 天生萬民 命以資業 萬民之生也 有資業則生 無資業則死 資業者 道之所由生也"(同前書)

46) "仁義禮智 忠孝友悌 諸般百善 皆出於慧覺, 士農工商 田宅邦國 諸般百用 皆出於資業"(上同書)

47) "好人之善而 我亦知善者 至性之德也, 惡人之惡而 我必不行惡者 正命之道也, 知行積則 道德也, 道德成則 仁聖也, 道德非他 知行也, 性命非他 知行也"(同前書)

는다. 이를 표시하면 다음과 같다.

성(性)(박통(博通))-혜각(慧覺)-덕(德)-백선(百善)——지(知) ┐
　　　　　　　　　　　　　　　　　　　　　　　├ 인성(仁聖)
명(命)(독행(獨行))-자업(資業)-도(道)-백용(百用)——행(行) ┘

그러므로 동무(東武)의 성명론(性命論)은 적어도 성명(性命)에 대한
종래의 두 가지 해석을 무색하게 하고 있다. 하나는 '천부인성(天賦
人性)'48)으로서의 성명설(性命說)이요, 다른 하나는 성리설(性理說)에
있어서의 성명론(性命論)이다.

동무(東武)의 성명(性命)은 천명인성(天命人性)의 합일자(合一者)로서
의 성명(性命)이 아니라, 오히려 천성(天性)·인명(人命)의 대(對)로서
의 성명(性命)이라 해야 할 것이다. 왜냐하면 "호인지선(好人之善)……
지성지덕(至性之德)"49)은 "사람의 이목비구는 유일하게 선을 좋아한
다[人之耳目鼻口好善無雙也]"50)는 것이니 지성(至誠)은 천기(天機)의 이
목비구(耳目鼻口)에서 유래한 덕(德)이기 때문에 성(性)은 천성(天性)인
것이요, "오인지악(惡人之惡)……정명지도야(正命之道也)"51)는 "사람의
폐비간신은 유일하게 악을 싫어한다(人之肺脾肝腎惡惡無雙也)"52)는 것
이니 정명(正命)은 인사(人事)의 폐비간신(肺脾肝腎)에서 유래한 도(道)

---

48) 天賦人性— 하늘이 賦與하여 준 人性.

49) "好人之善而 我亦知善者 至性之德也, 惡人之惡而 我必不行惡者 正命之道也, 知行積則 道德也, 道德
成則 仁聖也, 道德非他 知行也, 性命非他 知行也."(同前書). 好人之善— 다른 사람의 善을 좋아하
니……지극한 性의 德이다.

50) 『保元』卷一「性命論」. 人之耳目…… 사람의 耳目鼻口는 善을 좋아하되 짝이 없다.

51) "好人之善而 我亦知善者 至性之德也, 惡人之惡而 我必不行惡者 正命之道也, 知行積則 道德也, 道德
成則 仁聖也, 道德非他 知行也, 性命非他 知行也."(同前書). 惡人之惡…… 다른 사람의 惡을 미워하
니……바른 天命의 길이다.

52) 『保元』卷一 性命論. 人之肺脾…… 사람의 肺脾肝腎은 惡을 미워하되 짝이 없다.

이기 때문에 명(命)은 인명(人命)이다.

다른 하나는 송대(宋代) 성리학(性理學)의 부정이다. 주자(朱子)는 『중용주(中庸註)』에서 '성즉리야(性卽理也)'의 신설(新說)을 발명하였고, 리(理)는 천리(天理)로서 이일만수(理一萬殊)의 법칙(法則)[53]으로 전개하였으니, 이는 혜각(慧覺)과 덕(德)으로서 논하는 동무(東武)의 성(性)과는 비교할 길이 없고, 더욱이 주자(朱子)는 "명은 명령과 같다(命猶令也)"[54]라 하였으니 령(令)으로서의 명(命)이 어찌 자업(資業)과 도(道)에 근원(根源)한 동무(東武)의 명(命)과 견줄 수 있겠는가.

이에 동무(東武)의 '인간'이 사원구조(四元構造)의 통일체라 한다면, 천(天)·인(人)·성(性)·명(命)이야말로 사원구조(四元構造)의 근간이 되는 것이다. 그러면 이 사대근간(四大根幹)은 그 실증적 근거를 어디에 두고 있는 것일까.

---

53) 理一萬殊의 法則— 理는 하나인데 萬物은 갈라졌다는 法則.

54) 命猶令也— 命은 令과 같다.

2. 실증적(實証的) 근거(根據)

동무(東武)의 사상설(四象說)은 사원구조적(四元構造的) 음양설(陰陽說)이라는 철학적 근거를 지니고 있지만, 그것이 한낱 형이상학적 문제임에 그친 것이 아니라, 거기에는 몇 가지 실증적(實證的) 논거(論據)가 그 기저를 형성하고 있다는 사실에 주목할 필요가 있다. 여기서 실증적(實證的)이라 함은 사상설(四象說)은 역리(易理)에 근거하고 있기 때문에, 자칫하면 관념론적(觀念論的) 수리(數理)의 술수(術數)에 빠지기 쉬운 위험을 극복하고, 그것이 경험적이요 과학적인 근거에 의하여 설명될 수 있음을 의미한다.

동무(東武)의 사상설(四象說)은 인체구조(人體構造)라는 절대적 여건 위에 성립되고, 거기에 천인성명(天人性命)의 사대근간(四大根幹)이 그 골조(骨造)로 되어 있기 때문에, 이에 대한 실증적 구명은 그리 용이한 작업이 아니다. 거기에 곁들여서 그의 논조는 귀납적 방법에 의한 자가 아니라, 대전제(大前提)의 설정에 의한 연역이기 때문에, 얼핏 보기에는 동무자신(東武自身)의 직관(直觀)에 의한 논술이 아닌가

하는 회의도 없지 않으나, 우리는 그러한 논조 속에 감추어진 실증적 논거를 파헤쳐 내야 할 것이다. 그렇게 함으로써 비로소 사상설(四象說)이라는 가설이 진리로서의 정설로 굳혀지는 문호가 열리게 되기 때문이다.

1) 진화론적 사실(事實)

동무(東武)의 사상설(四象說)에 의하면 인간 존재는 진화론적 존재다. 이러한 사실은 음양설적(陰陽說的) 사원구조설(四元構造說)을 뒷받침하는 자라는 점에 주목할 만하다. 인간이란 생물적 존재임과 동시에 문화적 존재인 것이다. 따라서 인간의 생물적 진화과정은 그것이 바로 그 인간의 문화적 진화과정과도 긴밀한 연계를 맺고 있다는 사실을 동무(東武)는 깊이 인식하고 있다.

동무(東武)는 '모든 창조적(創造的) 작위(作爲)는 진화론적이다'[1]라는 대전제를, 무언(無言)의 명제로 삼고 있음을 지적하지 않을 수 없다. 그것은 그의 다음과 같은 구절의 성립을 설명할 때 논증할 수 있을 것이다.

耳聽天時 目視世會 鼻嗅人倫 口味地方[2]
귀는 천시를 듣고 눈은 세회를 보며, 코는 인륜을 맡고, 입은 지

---

1) 『주역』에서 "有天地然後有萬物 有萬物然後有男女 有男女然後有夫婦 有夫婦然後有父子 有父子然後有君臣 有君臣然後有上下 有上下然後禮義有所錯"(序卦傳)라 하여 天地·萬物·人倫·禮文의 創造的 進化過程을 설명하였고, 『舊約』 創世記에서도 "천지광명을 창조하고, 초목·금수 등 만물을 生成하게 한 후 마지막으로 男女의 人倫을 내신" 說話가 있음을 볼 수 있다.

2) 『保元』 卷一 性命論. 耳聽天時…… 귀는 天時를 듣고, 눈은 世會를 보며, 코는 人倫을 맡고, 입은 居處를 맛본다.

방을 맛본다.

肺達事務 脾合交遇 肝立黨與 腎定居處[3]

폐는 사무에 달하고, 비는 교우에 합하며, 간은 당여에 서고, 신은 거처를 정한다.

먼저 이목구비(耳目鼻口)의 발달 과정의 순차를 따져 보자면 다음과 같을 것이다.

태아(胎兒)가 모체(母體)에서 분리하여 출산되자마자, 모유(母乳)를 빨 줄 안다는 것은 구미(口味)의 능(能)이 있기 때문임을 알 수 있다. 모유(乳母)의 유취(乳臭)를 맡을 줄 아는 것은 그보다 훨씬 후의 일이니, 비후(鼻嗅)의 능(能)은 구미(口味)의 다음이 되는 것이다. 유아(乳兒)가 물체를 볼 줄 알고 낯을 가릴 줄 아는 것은 비후(鼻嗅)의 능(能)보다도 훨씬 뒤의 일이니, 목시(目視)의 능(能)은 구미(口味)·비후(鼻嗅)의 다음이랄 수밖에 없다.

또한 말을 할 줄 안다는 것은 귀가 트여서 남의 말을 듣고 그 뜻을 가려낼 줄 안 연후가 되므로 이청(耳聽)의 능(能)이 마지막이 될 것이다.

다음은 폐비간신(肺脾肝腎)의 발달 순위(順位)를 살펴보면 다음과 같을 것이다.

비장(肺臟)은 육서동물(陸捿動物)의 호흡기관으로서 전형적(典型的) 폐장(肺臟)은 양서류(兩捿類) 이상의 고등동물만이 이를 지니고 있다는 사실에서, 폐비간신(肺脾肝腎)의 네 장기[四臟器] 중 가장 나중에 발달된 장기(臟器)임이 분명하다. 수곡(水穀)을 흡수(吸收)·소도(消導)·

---

3) 同前書. 肺達事務 …… 肺는 事務에 通達하고 脾는 交遇를 취합하며 肝은 黨與를 정립하고 腎은 居處를 안정케 한다.

배설(排泄)함에 있어서 비간신(脾肝腎)의 역할을 약술하자면, 비장─췌장(脾臟─膵臟)이 아님─은 이를 전부 적출(摘出)하더라도 동물(動物)의 건강(健康)에는 지장이 없을 뿐 아니라, 그 소속 기관인 위(胃)의 생성도 태아(胎兒)가 모체(母體)로부터 분리된 이후이니, 비장(脾臟)은 간신(肝腎) 이후에 생성된 자인 것 같다.[4] 이제 간(肝)·신(腎)의 순위를 따져 보자면, 간(肝)은 신진대사(新陳代謝)와 해독(解毒) 분비작용(分泌作用)을 맡았고 신(腎)은 배설기능(排泄機能)의 주체인 것이다.

그런데 배설기능은 해독·분비 등의 생리작용에 선행했을 뿐만 아니라, 해독의 간기능 없이도 배설기능만은 모든 하등동물에까지 존재한다는 사실에서 간(肝)은 신(腎) 이후로 그 순위를 돌릴 수밖에 없다. 이러한 생물적 기능과는 천기(天機)·인사(人事) 등 문화적 진화순위를 살펴보면 다음과 같을 것이다. 지방(地方)은 천지(天地) 만물(萬物)에 해당되므로 창조의 첫 단계라 할 수 있다. 인륜(人倫)은 혈연적 부자 형제의 인간관계이니, 그다음에 형성되었고 세회(世會)는 사회·정치·경제·문화의 조직집단이니 그다음일 것이요, 천시(天時)는 유구한 역사현상이니 인류생존의 총체적 형태일 것이다.

인사(人事)의 사원(四元)은 다음의 표에 의하여, 그 순위는 자동적으로 천기(天機)의 순위(順位)에 준할 수밖에 없다.

천기(天機)	지방(地方)	인륜(人倫)	세회(世會)	천시(天時)
인사(人事)	거처(居處)	당여(黨與)	교우(交遇)	사무(事務)

위에서 약술한 바와 같은 진화론적 사실에 의거하지 않고서는 이

---

4) 동양의학에서의 '脾'란 膵臟을 가리키고 있으나 여기서는 이에 대한 문제는 다루지 않는다.

청천시(耳聽天時)니 폐달사무(肺達事務)니 하는 단구(短句)에서 보여주는 바와 같은 생리기능(生理機能)과 문화현상(文化現象)을 뒤섞어 놓은 구절이 성립될 수 없음은 다시 말할 나위도 없다. 그러나 요(要)는 이러한 진화론적 우합(偶合)이 사실로서 실증될 수 있는 것일까. 이 점이 동무(東武)의 사상설(四象說)이 가설(假說)로서 지니고 있는 문제점이라 하지 않을 수 없다.

이제 이청천시구(耳聽天時句)를 두고 좀 더 살펴보자면, 공자(孔子)는 "육십에 귀가 순해졌다[六十而耳順]"[5]라 했고 "아침에 도를 들으면 저녁에 죽어도 좋다[朝聞道夕死可矣]"[6]라 하기도 했다. 죽음과 직결된 문도(聞道)요, 고희(古稀)의 문턱에서 깨달은 이순(耳順)이고 보면, 공자로서는 원숙된 최고의 경지일 것이다. 소크라테스가 다이몬[7]의 신비한 소리를 듣는 것도 이와 견줄 만하지 않을까. '하나님'은 곧 '말씀'이니 '하나님'도 듣는 자이다.

천시(天時)는 음파(音波)인 양 탕탕(蕩蕩)하다. 이청천시(耳聽天時)란 이렇게 설명할 수밖에 없다.

'목시세회비후인륜(目視世會鼻嗅人倫)'은 차원(次元) 세계관(世界觀)을 진화론과 곁들이면 얼른 수긍이 갈는지 모른다. 세회(世會)는 극대(極大)한 부피─입체(立體)─니[8] 목시(目視)로써 보아야 하고, 인륜(人倫)은 아주 넓은 횡적(橫的) 넓이─평면(平面)─니 바닥으로 넓게 깔리는 냄새나 향취(香臭)처럼 맡아야 하지 않을까. 구미지방(口味地

---

5) 『論語』 爲政. 六十而…… 예순에 듣는 대로 흰했다.
6) 同前書 理仁. 朝聞道…… 아침에 道를 들으면 저녁에 죽어도 좋다.
7) Daimon(또는 Daemon) 고대 그리스의 수호신.
8) "世會極大也 人倫極廣也"(『保元』 卷一 性命論)

方)이란 외유(外遊)의 첫걸음이 '맛보는 것'으로부터 비롯하는 그것이 아닐까.

실로 여기에 동무(東武) 사상설(四象說)의 새로운 일면(一面)이 깃들어 있을 것이다.

2) 인간직립(人間直立)의 음양론적(陰陽論的) 실상(實相)

동무(東武)는 인간 직립의 사실이 인간의 지행(知行) 발달(發達)의 결정적인 구실을 한 것으로 인식한 것 같다. 그리고 거기서 음양론적 변화를 간취하고 있다.

인간과 동물과의 외적 구분은 어쩌면 포복(匍匐)과 직립(直立)의 차이에서 찾아볼 수 있을 것이다. 음양론적 입장에서 본다면, 이 때문에 인간과 동물은 상호(相互) 음양(陰陽)이 완전히 바뀌고 있다.

동물은 포복(匍匐)하기 때문에 배면(背面)이 향양(向陽)하고 흉복(胸腹)이 향지(向地)함으로써 향음(向陰)하는 셈이다. 그러나 인간은 직립 보행하기 때문에 전면(前面)이 향천(向天), 곧 향양(向陽)하고 배면부위(背面部位)는 저절로 부음(負陰)하기 마련이다. 그뿐만 아니라 동물(動物)의 횡적(橫的) 수미(首尾)가 상하(上下)의 종축(縱軸)으로 바꾸어짐으로써, 상승(上昇) 하강(下降)의 음양(陰陽)이 저절로 성립되기도 한다.

이에 다음 구절을 놓고 음미(吟味)해 보도록 하자.

行其知—頷有籌策 臆有經綸 臍有行檢 腹有度量

그 지혜를 실천함—턱에는 주책(籌策)이 있고, 가슴속에는 경륜(經綸)이 들어 있으며, 배꼽에는 행검(行檢)이 있고, 아랫배에는 도량(度量)이 있다.

行其行—頭有識見 肩有威儀 腰有材幹 臀有方略

그 행업을 실행함—머리에는 식견(識見)이 들어 있고, 어깨에는 위의(威儀)가 갖추어져 있으며, 허리에는 재간(材幹)이 있고, 볼기에는 방략(方略)이 있다.

이목비구(耳目鼻口)는 외관(外官)이요 폐비간신(肺脾肝腎)은 내장(內臟)이니 내외(內外)로서의 대(對)가 되지만 함억제복(頷臆臍腹)은 전면(前面)이요, 두견요둔(頭肩腰臀)은 후면부위(後面部位)이니 전후(前後)의 대(對)가 된다. 그러나 이들 사열(四列)은 다 같이 상하(上下)의 음양(陰陽)을 지니고 있는 것이니 이는 오로지 인간(人間) 대립(對立)의 사실 때문이 아닐 수 없다.

주책(籌策)·경륜(經綸)·행검(行檢)·도량(度量)은 지(知)니, 이 지(知)는 인간직립(人間直立) 이후의 소산(所産)이 아닐 수 없다. 왜냐하면 '운주책어유장지중(運籌策於帷帳之中)'[9]은 천자(天子)의 평천하지사(平天下之事)요, 경륜(經綸)은 경국제세지방(經國濟世之方)이라 치국지사(治國之事)다. 행검(行檢)은 품행방정(品行方正)한 효제(孝弟)의 윤리(倫理)로서 제가지사(齊家之事)요, 도량(度量)은 하해(河海) 같은 포용력으로서 수신(修身)의 일면인 것이다. 수신제가 치국평천하는 인간지(人間知)의 바탕 위에서 이룩됨은 다시 말할 나위도 없다. 두견요둔(頭肩腰臀)은 인간 직립의 부음부위(負陰部位)로서 금수적(禽獸的) 행위의

---

9) 『사기』 高祖記. 運籌策於…… 天子가 있는 帷帳안에서 籌策을 運用한다.

인간화(人間化) 부위인 것으로 간주된다. 경험적 지식으로서의 식견 (識見)과 위풍당당(威風堂堂)한 위의(威儀)와 굴신자재(屈伸自在)로운 재간(材幹)과 임기응변(臨機應變)의 방략(方略)들은, 모두 한 인간의 행동 거지(行動擧止)이면서도, 동물적 식견(識見)·위의(威儀)·재간(材幹)·방 략(方略)도 존재함을 시인해야 할 것이다. 결코 동물적 주책(籌策)· 경륜(經綸)·행검(行檢)·도량(度量)은 존재할 수 없다는 사실과는 대 조적인 것이다. 그러므로 함억제복(頷臆臍腹)은 순수(純粹) 인간지(人 間知)인 반면에 두견요둔(頭肩腰臀)은 동물행(動物行)의 인간화(人間化) 라 해야 마땅할 것이다.

3) 생리적(生理的) 기능(機能)으로서의 윤리관(倫理觀)

인간의 호선(好善) 오악(惡惡)하는 성(性)은 어디로부터 유래하는 것일까. 아니면 어디에 근원하고 있는 것일까. 동무(東武)는 이를 오 로지 생리적 기능에 근거하고 있다고 하였다. 이목구비(耳目鼻口) 폐 비간신(肺脾肝腎)은 각각 호선(好善)[10] 오악(惡惡)[11]하는 생리적 기능 을 가졌고, 함억제복(頷臆臍腹) 두견요둔(頭肩腰臀)은 각각 양지(良 知)[12]와 양능(良能)[13]을 지녔으면서도, 반면에 각각 사심(邪心)[14] 태 행(怠行)[15]의 소지가 되어 있는 것이다[16]. 호선(好善) 오악(惡惡)은 성

---

10) "耳好善聲 目好善色 鼻好善臭 口好善味"(『保元』卷一 「性命論」)

11) "肺惡惡聲 脾惡惡色 肝惡惡臭 腎惡惡味"(『保元』卷一 「性命論」)

12) "頷有籌策 臆有經綸 臍有行檢 腹有度量"(『保元』卷一 「性命論」)

13) "頭有識見 肩有威儀 腰有材幹 臀有方略"(『保元』卷一 「性命論」)

14) "頷有驕心 臆有矜心 臍有伐心 腹有夸心"(『保元』卷一 「性命論」)

15) "頭有擅心 肩有侈心 腰有懶心 臀有慾心"(『保元』卷一 「性命論」)

16) "人之耳目鼻口 好善 無雙也, 人之肺脾肝腎 惡惡 無雙也, 人之頷臆臍腹 邪心 無雙也, 人之頭肩腰臀

선(性善)의 근본이 되고 사심(邪心) 태행(怠行)은 성악(性惡)의 근본이 되는 것이니, 동무(東武)의 윤리설(倫理說)은 성선 성악의 양설(兩說)이 사원구조(四元構造) 안에 공존하고 있는 셈이다. 그러므로 동무(東武) 윤리설(倫理說)은 성선 성악 겸전설(兼全說)이 될는지 모른다. 그러나 동무(東武)는 여기서 결코 성선 성악의 '성(性)'자를 사용하지 않고, 성선을 논할 때는 이목비구(耳目鼻口) 폐비간신(肺脾肝腎)의 기능만을 논하고 성악의 근원은 함억제복(頷臆臍腹) 두견요둔(頭肩腰臀)에 있음을 밝히고 있을 따름이다.

다산(茶山) 같은 이는 성기호설(性嗜好說)을 주장함으로써 주자(朱子)의 성리설(性理說)과 맞섬과 동시에[17], 생리적(生理的) 생태(生態)로서 성설(性說)의 근거로 삼는 점은 동무(東武)의 선하(先河)를 이룬 자라 할 수 있다. 그러나 그는 동무(東武)처럼 윤리설(倫理說)의 근거를 사원구조(四元構造)의 생리적 기능으로 이를 설명하는 데까지는 이르지 못한 아쉬움이 있다. 여기에 동무(東武) 윤리설(倫理說)의 창의적 일면이 있다 하겠다.

동무(東武)의 '인간'은 윤리적으로는 선악의 가능적(可能的) 존재(存在)요. 달리 말하면 선악의 복합구조적(復合構造的) 존재이다. 한 인간은 요순(堯舜)이 될 가능적 존재일 뿐만이 아니라, 반대로 걸주(桀紂)와 같은 극악무도한 인간도 될 수 있는 가능성의 양극(兩極)을 공유하고 있다. 인간의 선악의 양극적(兩極的) 가능성(可能性)이 어찌 관념적 '성(性)' 한 자로 설명될 수 있을 것인가. 인간의 전체, 곧 전체인간의 구조적 통일체가 이의 책임을 져야만 하기 때문이다.

怠心 無雙也."(『保元』卷一 「性命論」)

17) 拙著, 前揭書, 第一章 第三節 참조.

그렇다면 전체 인간으로서의 선악(善惡)의 가능성(可能性)에 대한 선택의 주체는 어디에 있는 것일까. 동무(東武)는 그것을 곧 '아(我)'[18]라고 지적하고 있다. 본시 선악(善惡)이 나누어질 가능성은 '가이위(可以爲)'의 긍정적 가능성과 '자불위(自不爲)'의 부정적 가능성의 두 가지로 나눌 수 있는데[19], 여기서의 '아(我)'는 함억제복(頷臆臍腹)의 우(愚)와 두견요둔(頭肩腰臀)의 불초(不肖)에 의한 부정적(否定的) '아(我)'이다. 호선(好善) 오악(惡惡)의 긍정적 가능성은 만인(萬人) 공유(共有)의 것이지만 사심(邪心) 태행(怠行)의 부정적 가능성에 대한 주체는 개체로서의 '아(我)'일 수밖에 없다는 것이다.[20]

동무(東武) 윤리설(倫理說)에 있어서의 '아(我)'[21]는 구체적으로 어떻게 파악해야 할 것인가. 그것은 '아자위심(我自爲心)', '아자위신(我自爲身)'으로서의 '자아(自我)'요, '인지이목비구(人之耳目鼻口)', '인지폐비간신(人之肺脾肝腎)'[22]하는 범칭(凡稱)의 중인(衆人)과는 대(對)를 이루는 개체로서의 자아이다. 또 이러한 자아는 심신(心身)의 양면을 동시에 갖추고 있다.[23] 동시에 심(心)은 지(知)요 신(身)은 행(行)이니[24], 아(我)는 심신(心身)인 동시에 지행(知行)이다. 그리하여 동무(東

---

18) "我之頷臆臍腹 我自爲心而 未免愚也 我之免愚 在我也, 我之頭肩腰臀 我自爲身而 未免不肖也 我之免不肖 在我也."(『保元』卷一「性命論」)

19) "耳目鼻口 人皆可以爲堯舜 頷臆臍腹 人皆自不爲堯舜, 肺脾肝腎 人皆可以爲堯舜 頭肩腰臀 人皆自不爲堯舜."(『保元』卷一「性命論」)

20) 克己復禮(『논어』「안연」)의 主體로서의 '我'도 비슷한 것이다.

21) "我之頷臆臍腹 我自爲心而 未免愚也 我之免愚 在我也, 我之頭肩腰臀 我自爲身而 未免不肖也 我之免不肖 在我也."(『保元』卷一「性命論」)

22) "人之耳目鼻口 好善 無雙也, 人之肺脾肝腎 惡惡 無雙也, 人之頷臆臍腹 邪心 無雙也, 人之頭肩腰臀 怠心 無雙也."(『保元』卷一「性命論」)

23) "我之頷臆臍腹 我自爲心而 未免愚也 我之免愚 在我也, 我之頭肩腰臀 我自爲身而 未免不肖也 我之免不肖 在我也."(『保元』卷一「性命論」)

24) "頷臆臍腹行其知也 頭肩腰臀行其行也"(『保元』卷一「性命論」)

武)는 『중용(中庸)』의 지행론(知行論)을25) 그의 사원구조적(四元構造的) 자아론(自我論)으로26) 전개하여, 자아를 중행(中行)—지행(知行)의 무과불급(無過不及)—의 주체로 삼았으니, 동무(東武)의 '자아(自我)'는 곧 정통 유학에서의 '성(性)'에 갈음하는 자이다.

동무(東武)의 '성(性)'은 박통자(博通者)로서의 '성(性)'이요, 독행자(獨行者)로서의 '명(命)'의 대(對)가 되는 '성(性)'일 따름이지, 선악의 주체로서의 '성(性)'이 아니다. 동무(東武)의 윤리적 주체는 곧 자아요, 그것은 또 함억제복지중(頷臆臍腹之中)에 잠재한 불식지지(不息之知)요, 두견요둔지하(頭肩腰臀之下)에 감추어진 불식지행(不息之行)이다.27) 그러므로 윤리적 실천의 주체는 다름 아닌 함억제복(頷臆臍腹)의 지(知)와 두견요둔(頭肩腰臀)의 행(行)이 일여(一如)가 된 지행일여(知行一如)의 자아이다. 그러므로 동무(東武)의 윤리설(倫理說)·사원구조(四元構造)의 생리적 기능에 근거한—성(性) 아닌—자아(自我)의 윤리적(倫理的) 지행론(知行論)이라고 할 수 있을 것이다.

---

25) "道之不行也 我知之矣 知者過之 愚者不及也 道之不明也 我知之矣 賢者過之 不肖者不及也"(『중용』)

26) "人之耳目鼻口 天也 天知也, 人之肺脾肝腎 人也 人賢也, 我之頷臆臍腹 我自爲心而 未免愚也……我之頭肩腰臀 我自爲身而 未免不肖也"(『保元』 卷一 「性命論」)

27) "頷臆臍腹之中 自有不息之知 如切如磋而 驕矜伐夸之私心 卒然敗之則 自棄其知而 不能博通也, 頭肩腰臀之下 自有不息之行 赫兮喧兮而 奪侈懶竊之慾心 卒然陷之則 自棄其行而 不能正行也"(同前書)

3. 사상인(四象人)의 본질(本質)

　인간이란 나면서부터 본질적으로 생리적(生理的) 조직(組織)과 권능(權能)을 갖추고 있기 때문에, 인간이란 어쩌면 생물학적 인간으로부터 비롯한다고 해야 할는지 모른다. 인간이란 제아무리 초생물학적(超生物學的) 천(天)을 희구한다손 치더라도[1], 제일차적으로 생물학적 존재에서 일보도 벗어날 수 없기 때문에, 사상설(四象說)의 장부론(臟腑論)은 애오라지 생리조직학적(生理組織學的) 기능(機能)에서부터 시작된다.

　그러나 인간은 결코 '생물학적 존재'임에 머물러 있지 않고, 최고선인 성(聖)을 희구하는 윤리적 존재요[2], 무형한 영명예지(靈明叡智)의 정신적 존재이기도[3] 하다. 그러므로 인간이란 생물(生物)·의학적(醫學的)이요, 윤리·사회적이요, 철학·종교적 존재라는 사실은 새삼스러울 것이 없다. 더욱이 철학적 인간학에 있어서는, 이러한 인

---

1) "太少陰陽之短長變化 一同之中 有四偏 聖人 所以希天也"(同前書「四端論」)

2) "鄙薄貪懦之淸濁闊狹 萬殊之中 有一同 衆人 所以希聖也"(同前書)

3) "膩海藏神 膜海藏靈 血海藏魂 精海藏魄 津海藏意 膏海藏慮 油海藏操 液海藏志"(同前書)

간의 다면성을 어떻게 종합하여, 이를 전체인간으로서 체계적으로 설명할 수 있느냐의 여부가 그 기본 과제로 되어 있다고 한다면, 사상론(四象論)이 지닌 과제도 이러한 테두리 안에서 다뤄지지 않을 수 없을 것이다.

1) 성정론적(性情論的) 장부유형(臟腑類型)

동무(東武)가 제시한 사원구조적(四元構造的), 전체인간이 장부론적(臟腑論的) 사상인(四象人)으로 분립(分立)하게 될 때에 있어서, 가장 중요한 구실을 하게 되는 요소가 있으니 그것은 다름 아닌 희로애락(喜怒哀樂)의 성정(性情)이다.

동무(東武)는 먼저, 인간이 사상인(四象人)의 유형으로 존재한다고 하였으니, 그것이 다름 아닌 태양인(太陽人)·태음인(太陰人)·소양인(少陽人)·소음인(少陰人)이라는 상징적 유형이다.[4] 그러나 이러한 상징적 유형이 구체적 내실(內實)을 갖춘 것이 바로 폐비간신(肺脾肝腎)의 대소(大小)로 표시된 자이다.[5] 그러나 이러한 장국(臟局)의 성형(成形)에 있어서 가장 중요한 역할을 한 것이 바로 희로애락(喜怒哀樂)의 성정(性情)이라고 하였으니,[6] 동무(東武)는 어찌하여 희로애락(喜怒哀樂)을 장국성형(臟局成形)의 기본요소로 간주하였을까.

---

4) 太少陰陽이란 구체적 내용이 아니요 상징적 표상에 지나지 않는 이름이다.

5) "人稟臟理 有四不同, 肺大而肝小者 名曰 太陽人, 肝大而肺小者 名曰 太陰人, 脾大而腎小者 名曰 少陽人, 腎大而脾小者 名曰 少陰人"(『保元』 卷一 「四端論」)

6) "太陽人 哀性遠散而 怒情促急 哀性遠散則 氣注肺而 肺益盛 怒情促急則 氣激肝而 肝益削 太陽之臟局 所以成形於肺大肝小也, 少陽人 怒性宏抱而 哀情促急 怒性宏抱則 氣注脾而 脾益盛 哀情促急則 氣激腎而 腎益削 少陽之臟局 所以成形於脾大腎小也, 太陰人 喜性廣張而 樂情促急 喜性廣張則 氣注肝而 肝益盛 樂情促急則 氣激肺而 肺益削 太陰之臟局 所以成形於肝大肺小也, 少陰人 樂性深確而 喜情促急 樂性深確則 氣注腎而 腎益盛 喜情促急則 氣激脾而 脾益削 少陰之臟局 所以成形於腎大脾小也"(同前書)

먼저 동무(東武)가 희로애락(哀怒喜樂)을 기(氣)로 간주한 점에 주목할 필요가 있다. 기(氣)란 인체 내에 충만한 생명력으로서 무형(無形)·무질(無質)한 자라고 할 수 있다.[7] 이러한 기(氣)를 음양설적(陰陽說的)인 기(氣)로 보았다. 그러므로 애노(哀怒)의 기(氣)는 상승(上昇)하고 희락(喜樂)의 기(氣)는 하강(下降)하는데,[8] 상승하는 기(氣)는 양(陽)이요 하강하는 기(氣)는 음(陰)이라는 것이다.[9] 동시에 애노(哀怒)의 기(氣)는 같은 양(陽)이면서 상승하는 모습이 서로 다르며, 희락(喜樂)의 기(氣)도 다 같이 음(陰)이면서 그들의 하강하는 모습은 서로 다르다는 것이다.[10] 이러한 애노희락(哀怒喜樂)의 상하(上下) 승강(昇降)의 사상(四象)을 폐비간신지기(肺脾肝腎之氣)의 사상(四象)과 견주어 볼 때, 다음과 같은 유기적(有機的) 공통점(共通點)이 있음을 발견하게 될 것이다[11].

肺氣哀	直而伸 直　昇	脾氣怒	栗而包 橫　昇	肝氣喜	寬而緩 放　降	腎氣樂	溫而畜 陷　降

그러므로 애기(哀氣)는 폐기(肺氣)요 노기(怒氣)는 비기(脾氣)요 낙기(樂氣)는 신기(腎氣)로서, 다 같이 호연지기(浩然之氣)로서 떳떳한 사장지기(四臟之氣)인 것이다[12]. 이처럼 사장지기(四臟之氣)로서의 애노희

---

7) 氣에는 空氣와 같은 物質的 氣도 있고, 理氣와 같은 形而上學的 氣도 있는데 生命力으로서의 氣는 아마도 生理的 氣라고 해야 할 것이다.

8) "哀怒之氣上升 喜樂之氣下降"(『保元』 卷一 「四端論」)

9) "哀怒之氣陽也……喜樂之氣陰也"(同前書)

10) "哀氣直升 怒氣橫升 喜氣放降 樂氣陷降"(同前書)

11) "肺氣直而伸 脾氣栗而包 肝氣寬而緩 腎氣溫而畜"(同前書)

12) "浩然之氣出於肺脾肝腎也"(同前書)

락(哀怒喜樂)의 기(氣)가 각각 원산(遠散) 굉포(宏抱) 확장(擴張) 심확(深確)할 때는[13] 순동지기(順動之氣)로서의 성(性)이 되거니와,[14] 애노희락(哀怒喜樂)의 기(氣)가 촉급(促急)하면 역동지기(逆動之氣)로서 폐비간신(肺脾肝腎)에 손상을 입히고야 마는 것이다.[15] 이러한 역동지기(逆動之氣)를 정(情)이라 하였으니, 이에 애노희락지성(哀怒喜樂之性)은 익장(益臟)하고 애노희락지정(哀怒喜樂之情)은 삭장(削臟)하여, 태소음양지인(太少陰陽之人)의 장국(臟局)이 형성되는 소이(所以)를 밝힌 것이다.[16] 그러므로 여기서 동무(東武) 성정론(性情論)의 두 가지 사실을 지적할 수가 있다.

첫째, 동무(東武)의 성(性)과 정(情)은 애노희락(哀怒喜樂)의 기(氣)의 두 가지 형태임을 알 수 있다. 종래의 주석가(註釋家)들은 '정자성지동야(情者性之動也)'라 하여, 성(性)은 정적이요 정(情)은 동적인 것으로 생각하였지만, 동무(東武)에 있어서는 성(性)은 순동지기(順動之氣)요 정(情)은 역동지기(逆動之氣)로서, 다 같이 동적(動的)인 상태에서

---

13)

哀氣	直升	怒氣	橫升
	遠散		宏抱
喜氣	放降	樂氣	陷降
	擴張		深確

14) "哀怒之氣 順動則 發越而上騰 喜樂之氣 順動則 緩安而下墜"(『保元』卷一「四端論」)

15) "哀怒之氣 逆動則 暴發而 竝於上也, 喜樂之氣 逆動則 浪發而 竝於下也, 上升之氣 逆動而 竝於上則 肝腎傷也, 下降之氣 逆動而 竝於下則 脾肺傷也"(同前書)

16) "太陽人 哀性遠散而 怒情促急 哀性遠散則 氣注肺而 肺益盛 怒情促急則 氣激肝而 肝益削 太陽之臟局 所以成形於肺大肝小也, 少陽人 怒性宏抱而 哀情促急 怒性宏抱則 氣注脾而 脾益盛 哀情促急則 氣激腎而 腎益削 少陽之臟局 所以成形於脾大腎小也. 太陰人 喜性擴張而 樂情促急 喜性擴張則 氣注肝而 肝益盛 樂情促急則 氣激肺而 肺益盛 太陰之臟局 所以成形於肝大肺小也, 少陰人 樂性深確而 喜情促急 樂性深確則 氣注腎而 腎益盛 喜情促急則 氣激脾而 脾益削 少陰之臟局 所以成形於腎大脾小也"(同前書)

이를 파악하고 있다. 이는 송대(宋代) 주정설적(主靜說的) 성리설(性理說)에 대한 반대의 입장으로서 이를 일러 우리는 정다산(丁茶山)의 성설(性說)처럼[17] 활성론적(活性論的)이라고 해야 할 것이다.

둘째, 성(性)과 정(情)이 각각 순동(順動) 또는 역동지기(逆動之氣)로서, 폐비간신(肺脾肝腎)에 끼치는 영향은 음양론적(陰陽論的)이라는 사실이다. 순동지기(順動之氣)로서의 애노희락(哀怒喜樂)의 성(性)은 폐비간신지기(肺脾肝腎之氣)와 상응(相應)하여 익장(益臟)치거니와, 역동지기(逆動之氣)로서의 애노희락(哀怒喜樂)의 정(情)은 '역상(逆傷)의 원리(原理)'[18]에 의하여 반대부위의 장부(臟腑)에 손상을 입힌다는 것이다. 그러므로 애노지정(哀怒之情)은 간신(肝腎)을 상하게 하고, 희락지정(喜樂之情)은 폐신(肺脾)를 상하게 하는데, 왜 애정(哀情)은 신(腎)을 상하게 하고, 노정(怒情)은 간(肝)을 상하게 하고, 희정(喜情)은 폐(肺)를 상하게 하고, 낙정(樂情)은 비(脾)를 상하게 하는 것일까. 이것은 '역상(逆傷)의 원리(原理)' 중에서도 '거리(距離)의 비례원리(比例原理)'에 의한 작용으로 이를 풀이해야 한다.

상초(上焦)	중상초(中上焦)	중하초(中下焦)	하초(下焦)
폐[肺 (哀)]	비[脾 (怒)]	간[肝 (喜)]	신[腎 (樂)]

양기(陽氣)의 기(氣)는 거리에 비례하기 때문에 상초(上焦)의 폐(肺)는 하초(下焦)의 신(腎)과 대(對)가 되고, 중상초(中上焦)의 비(脾)는 중하초(中下焦)의 간(肝)과 대(對)가 되므로 상초(上焦)의 애정(哀情)이 역

---

17) 拙著, 前揭書, 八一面 참조.
18) "上升之氣過多則下焦傷 下降之氣過多則上焦傷"(『保元』卷一 四端論)
　　情者性之…… 情이란 性이 動한 자이다.

동(逆動)하면 멀리 하초(下焦)의 신(腎)을 상하게 하고, 그와 반대로 하초(下焦)의 낙정(樂情)이 역동(逆動)하면 상초(上焦)의 폐(肺)를 상하게 하는 것이다. 동시에 중상초(中上焦)의 노정(怒情)이 역동(逆動)하면 그의 대(對)인 중하초(中下焦)의 간(肝)이 손상하고, 반대로 중하초(中下焦)의 희정(喜情)이 역동(逆動)하면 중상초(中上焦)의 비(脾)를 손상하게 한다. 이로써 애노희락(哀怒喜樂)의 성정(性情)과 장부(臟腑)와의 깊은 관계를 짐작할 수 있거니와 동무(東武)가 중언부언 애노희락(哀怒喜樂)의 폭동낭동(暴動浪動)을 경계하는 소이도[19] 짐작할 수 있겠다.

그런데 여기에 하나의 문제점이 있으니, 애노희락(哀怒喜樂)의 음양론적(陰陽論的) 구분은 상징적으로 설명할 수 있지만, 폐애(肺哀)·비노(脾怒)·간노(肝喜)·신락(腎樂)의 성(性)을 과연 진화론적으로 설명할 수 있을 것인가, 다시 말하면 신간비폐(腎肝脾肺)의 진화론적 과정과 낙희노애(樂喜怒哀)의 진화론적 과정이 과연 일치할 수 있느냐의 문제이다. 이에 대한 해답을 내리기 전에 동무(東武)의 애노희락(哀怒喜樂) 성정론(性情論)을 좀 더 깊이 고찰해 보기로 하자.

2) 애노희락(哀怒喜樂)의 대개념(大槪念)

애노희락(哀怒喜樂)의 성정(性情)은 장국성형(臟局成形)에 있어서 근원적 역할을 맡고 있음을 밝혔거니와, 동무(東武)는 여기서 한 걸음 더 나아가 애노희락(哀怒喜樂)의 성정(性情)과 천기(天機)·인사(人事)

---

19) "太陽人 有暴怒深哀 不可不戒 少陽人 有暴哀深怒 不可不戒 太陰人 有浪樂深喜 不可不戒 少陰人 有浪喜深樂 不可不戒"(同前書)

와의 깊은 관계를 다룸으로써, 애노희락(哀怒喜樂)의 개념을 보다 더 넓게 확충하여 이를 정립하였다. 우선 이를 표로 만들어 보면 다음과 같다[20].

性	哀	聽	耳察於天時	哀衆人之相欺	太陽
	怒	視	目察於世會	怒衆人之相侮	少陽
	喜	嗅	鼻察於人倫	喜衆人之相助	太陰
	樂	味	口察於地方	樂衆人之相保	少陰
情	哀	哀	肺行於事務	哀別人之欺己	少陽
	怒	怒	脾行於交遇	怒別人之侮己	太陽
	喜	喜	肝行於黨與	喜別人之助己	少陰
	樂	樂	腎行於居處	樂別人之保己	太陰

이 표에서는 다음과 같은 몇 가지 사실을 지적할 수 있다.

(1) 성(性)은 사상인(四象人)의 이목비구(耳目鼻口)가 천기(天機)를 살필 때, 중인(衆人)들이 서로 속이고[欺] 업신여기고[侮] 돕고[助] 보호함[保]을, 각각 슬퍼하며[哀] 노여워하며[怒] 기뻐하며[喜] 즐거워하는[樂] 것이니, 이는 이목비구(耳目鼻口)가 천기(天機)를 듣고[聽] 보고[視] 맡고[嗅] 맛보는[味] 기능이다.

(2) 정(情)은 사상인(四象人)의 폐비간신(肺脾肝腎)이 인사(人事)를 실행할 때, 다른 사람이[別人] 자기를 속이고 업신여기고, 돕고 보호함을 각각 슬퍼하며 노여워하며 기뻐하며 즐거워하는 것이니, 이는 폐비간신(肺脾肝腎)이 인사(人事)를 애노희락(哀怒喜樂)하는 바로 그것이다.

(3) 기(欺)·모(侮)는 양(陽)이요 조(助)·보(保)는 음(陰)이다.

20) 『保元』 卷一 擴充論 참조.

(4) 태양인(太陽人)은 서로 속이는 것[相欺]은 들되 자신을 업신여기면[侮己] 노여워하고, 소양인(少陽人)은 서로 업신여기는 것[相侮]은 보되 자기를 속이면[欺己] 슬퍼한다. 태음인(太陰人)은 서로 돕는 것[相助]은 맡되 자기를 편안하게 하면[保己] 즐거워하고, 소음인(少陰人)은 서로 편안하게 하는 것[相保]은 맛보되 자기를 도우면[助己] 기뻐한다.

(5) 기(欺)는 천시(天時)와 인사(人事)에 따랐으니 상기(相欺)건 기기(欺己)건 이를 슬퍼한다. 모(侮)는 세회(世會)와 교우(交遇)에 따랐으니 상모(相侮)건 모기(侮己)건 이를 노여워한다. 조(助)는 인륜(人倫)과 당여(黨與)에 따랐으니 상조(相助)건 조기(助己)건 이를 기뻐한다. 보(保)는 지방(地方)과 거처(居處)에 따랐으니 상보(相保)건 보기(保己)건 이를 즐거워한다.

(6) 성(性)은 천기를 살피는[察於天機] '지(知)'요, 정(情)은 행어인사[行於人事]하는 '행(行)'이다.

(7) 성(性)은 중인이 서로 속이고, 업신여기고, 돕고, 편안하게[衆人之相欺侮助保] 하는 자이니 박통자(博通者)요, 정(情)은 별인이 자기를 속이고 업신여기고 돕고 편안하게 하는 것[別人之欺侮助保己]이니 독행자(獨行者)다.

그러므로 애노희락(哀怒喜樂)은 천(天)·인(人)·성(性)·명(命)을 애노희락(哀怒喜樂)하는 것이니, 애노희락(哀怒喜樂)의 성정(性情)은 사상인(四象人)의 장국성형(臟局成形)에 주도적 역할을 할 뿐 아니라, 천(天)·인(人)·성(性)·명(命)의 사원구조(四元構造)의 매개자이기도 한 것이다. 그러므로 애노희락(哀怒喜樂)의 육개념(六概念)은 다음과 같이 파악할 수 있을 것이다.

(1) 애성(哀性)은 이청천시(耳聽天時)하는 청력(聽力)인데 애정(哀情)은 폐달사무(肺達事務)할 때 나타난다.

(2) 노성(怒性)은 목시세회(目視世會)하는 시력(視力)인데 노정(怒情)은 비합교우(脾合交遇)할 때 나타난다.

(3) 희성(喜性)은 비후인륜(鼻嗅人倫)하는 비력(嗅力)인데 희정(喜情)은 간립당여(肝立黨與)할 때 나타난다.

(4) 낙성(樂性)은 구미지방(口味地方)하는 미력(味力)인데 낙정(樂情)은 신정거처(腎定居處)할 때 나타난다.

이렇듯 대개념(大概念)으로 파악되는 애노희락(哀怒喜樂)의 성정(性情)은, 이미 그것이 이목비구(耳目鼻口)의 기능과 폐비간신(肺脾肝腎)의 행실(行實)에서 생긴 명칭으로서, 상기(相欺)의 청력(聽力)은 애성(哀性)이라 하고 상모(相侮)의 시력(視力)은 노성(怒性)이라 하는 따위요, 조기(助己)의 기쁨은 희정(喜情)이라 하고 보기(保己)의 즐거움은 낙정(樂情)이라 하는 따위다. 그러므로 우리는 폐비간신(肺脾肝腎)의 성정(性情)은 진화론적인 각도에서 이를 파악하기에 앞서, 이미 장부론적(臟腑論的) 기능(機能)의 명칭이 되어 있음을 알 수 있다.

3) 사원구조적(四元構造的) 기능(機能)의 통일체(統一體)

인간의 신체적 조직은 생리적 기능에 의하여 그 생명력이 유지되거니와, 사상설(四象說)도 이러한 기본원칙에서 예외일 수는 없다. 인간이란 본시 기액(氣液)의 호흡(呼吸)과 수곡(水穀)의 출납(出納)에 의하여 폐비간신(肺脾肝腎)의 기능이 영위되고 있거니와,[21] 그중에서도 수곡(水穀)의 출납(出納)은 생기(生氣)의 형성에 근원적 역할을 맡고 있는 것이다[22]. 거기에서 온열양한(溫熱凉寒)의 음양론적(陰陽論的) 사기(四氣)가 생성됨으로써 다음과 같은 내외사해(內外四海)[23]가 조성된다.

온기(溫氣)	진해(津海)(설하(舌下))	이해(膩海)(두뇌(頭腦))
열기(熱氣)	고해(膏海)(양유(兩乳))	막해(膜海)(배려(背膂))
량기(凉氣)	유해(油海)(제(臍))	혈해(血海)(요해(腰背))
한기(寒氣)	액해(液海)(전음(前陰))	정해(精海)(방광(膀胱))[24]

형체적(形體的)인 장부(臟腑)는 폐비간신지당(肺脾肝腎之黨)에 의하여 조직되어 있지만[25], 이들은 다 내외사해(內外四海)와 더불어 존재하고 있다.

그런데 여기서 우리는 '해(海)'란 '초(焦)'의 별칭이라고 할 수 있다. 별칭이라기보다는 차라리 초(焦)의 구체화(具體化)한 자라고 해도 좋을 것이다. 진고유액(津膏油液)은 내사해(內四海)요 이막혈정(膩膜血精)은 외사해(外四海)인데 진이이해(津膩二海)는 상초(上焦)의 근본이요, 고막이해(膏膜二海)는 중상초(中上焦)의 근본이요, 유혈이해(油血二海)는 중하초(中下焦)의 근본이요, 액정이해(液精二海)는 하초(下焦)의 근본이 되기 때문이다. 그리하여 이들의 기능을 약술하면 다음과 같다.

① 진고유액(津膏油液)의 내사해(內四海)의 청기(淸氣)는 이목비구

---

21) "肺以呼 肝以吸 肝肺者 呼吸氣液之門戶也, 脾以納 腎以出 腎脾者 出納水穀之府庫也"(同前書 「四端論」)

22) "水穀都數 停畜於胃而薰蒸爲熱氣 消導於小腸而平淡爲凉氣, 熱氣之輕淸者 上升於胃脘而爲溫氣, 凉氣之質重者 下降於大腸而爲寒氣"(同前書 「臟腑論」)

23) 바다(海)는 流動體의 凝集處요 생명의 發生源이기도 한 것이다. 人體內의 '海'도 그러한 氣液의 流動 集散處요, 생명의 원천이 됨을 의미한다.

24) 『保元』 卷一 「臟腑論」

25) 肺之黨─ 胃脘 舌下 耳 頭腦 皮毛
　　脾之黨─ 胃　 兩乳 目 背膂 筋
　　肝之黨─ 小腸 臍　 鼻 腰脊 肉
　　腎之黨─ 大腸 前陰 口 膀胱 骨 (上同書)

(耳目鼻口)의 광박천기(廣博天機)하는 청시후미력(聽視嗅味力)으로 제출(提出)하여 이막혈정(膩膜血精)의 외사해(外四海)가 되게 한다.[26]

② 이막혈정(膩膜血精)의 외사해(外四海)의 청즙(淸汁)은 폐비간신(肺脾肝腎)의 연달인사(鍊達人事)하는 애노희락지력(哀怒喜樂之力)으로 흡득(吸得)하여 진고유액(津膏油液)의 내사해(內四海)를 응취(凝聚)하게 한다.[27]

③ 이목비구(耳目鼻口)의 청시후미지력(聽視嗅味之力)은 성(性)이요 폐비간신(肺脾肝腎)의 애노희락지력(哀怒喜樂之力)은 정(情)이니, 성정(性情)이 교호작용(交互作用)하여, 진고유액(津膏油液)과 이막혈정(膩膜血精)의 내외사해(內外四海)를 조성해 주고 있다.

그러나 이는 내외사해(內外四海)의 청기(淸氣)와 청즙(淸汁)의 적누(積累) 응취(凝聚)의 경우를 서술한 것이요, 내외사해(內外四海)의 탁재(濁滓)는 또다시 함억제복(頷臆臍腹)과 두견요둔(頭肩腰臀)의 활동에 의하여 처리한다. 이를 표시하면 다음과 같다.

함(頷)[위완(胃脘)]	상승지력(上昇之力)	진해지탁재(津海之濁滓)
억(臆)[위(胃)]	정축지력(停畜之力)	고해지탁재(膏海之濁滓)
제(臍)[소장(小腸)]	소도지력(消導之力)	유해지탁재(油海之濁滓)
복(腹)[대장(大腸)]	하강지력(下降之力)	해지탁재(液海之濁滓)[28]

26) "耳 以廣博天時之聽力 提出津海之淸氣 充滿於上焦 爲神而 注之頭腦 爲膩 積累爲膩海, 目 以廣博世會之視力 提出膏海之淸氣 充滿於中上焦 爲氣而 注之背膂 爲膜 橫累爲膜海, 鼻 以廣博人倫之嗅力 提出油海之淸氣 充滿於中下焦 爲血而 注之腰脊 爲凝血 積累爲血海, 口 以廣博地方之味力 提出液海之淸氣 充滿於下焦 爲精而 注之膀胱 爲凝精 積累爲精海"(同前書)

27) "肺 以鍊達事務之哀力 吸得膩海之淸汁 入于肺 以滋肺元而 內以擁護津海 鼓動其氣 凝聚其津, 脾 以鍊達交遇之怒力 吸得膜海之淸汁 入于脾 以滋脾元而 內以擁護膏海 鼓動其氣 凝聚其膏, 肝 以鍊達黨與之喜力 吸得血海之淸汁 入于肝 以滋肝元而 內以擁護油海 鼓動其氣 凝聚其油, 腎 以鍊達居處之樂力 吸得精海之淸汁 入于腎 以滋腎元而 內以擁護液海 鼓動其氣 凝聚其液"(同前書)

28) "津海之濁滓則 胃脘 以上升之力 取其濁滓而 以補益胃脘, 膏海之濁滓則 胃 以停畜之力 取其濁滓而 以補益胃, 油海之濁滓則 小腸 以消導之力 取其濁滓而 以補益小腸, 液海之濁滓則 大腸 以下降之力

두(頭)두(頭)	직신지력(直伸之力)	이해지탁재(膩海之濁滓)	피모(皮毛)
견(肩)수(手)	능수지력(能收之力)	막해지탁재(膜海之濁滓)	근(筋)
요(腰)요(腰)	관방지력(寬放之力)	혈해지탁재(血海之濁滓)	육(肉)
둔(臀)족(足)	굴강지력(屈强之力)	정해지탁재(精海之濁滓)	골(骨)[29]

　이에 이목비구(耳目鼻口) 폐비간신(肺脾肝腎) 함억제복(頷臆臍腹) 두견요둔(頭肩腰臀)의 사원구조(四元構造)는 각각 '힘[力]'[30]을 소유함으로써 생명력의 원천이 이루어지고 있다. 그러므로 소위 기능이란 다름 아닌 이 '힘'들의 활동이요 능력인 셈이다. 인간의 사원구조(四元構造)는 이들의 '힘'에 의하여 활동이 지속되고 있지만, 거기에는 항상 이 '힘'들의 균형과 통일을 지향하는 주재자(主宰者)가 있으니 그것이 바로 '심(心)'이라는 것이다.[31] 동무(東武) 사상설(四象說)에 있어서의 '심(心)'은 곧 일신(一身)의 주재요 상징적으로는 중앙지태극(中央之太極)이다.[32] 동시에 '심(心)'은 호연지리(浩然之理)의 원천이기도 하고, 호연지리(浩然之理)는 명변(明辨)의 능(能)을 갖춘 자이니,[33] '심(心)'이란 이성을 지닌 주재자인지도 모른다.

　이렇듯 인간이란 사원구조(四元構造)를 일심(一心)이 주재하며 균형을 지향하는 통일체이다. 여기에 사원구조(四元構造)는 생물적(生物的) 장부구조(臟腑構造)일 뿐만 아니라, 천인성명(天人性命)의 형이상적 구

取其濁滓而 以補益大腸"(同前書)

29) "膩海之濁滓則 頭 以直伸之力 鍛鍊之而 成皮毛, 膜海之濁滓則 手 以能收之力 鍛鍊之而 成筋, 血海之濁滓則 腰 以寬放之力 鍛鍊之而 成肉, 精海之濁滓則 足 以屈强之力 鍛鍊之而 成骨"(同前書)

30) 耳目鼻口의 聽視嗅味之力, 肺脾肝腎의 哀怒喜樂之力, 頷臆臍腹의 上升停畜消導下降之力, 頭肩腰臀의 直伸能收寬放屈强之力.

31) "心 爲一身之主宰 負隅背心 正向膻中 光明瑩澈 耳目鼻口 無所不察 肺脾肝腎 無所不忖, 頷臆臍腹 無所不誠 頭手腰足 無所不敬"(『保元』卷一「臟腑論」)

32) "五臟之心 中央之太極也……中央之太極 聖人之太極 高出於衆人之太極也"(『保元』卷一「四端論」)

33) "浩然之理 出於心也……鄙薄貪儒一心之慾 明而辨之則 浩然之理 出於此也"(同前書「四端論」)

조이기도 하기 때문에, 여기서는 항상 심원광대(深遠廣大)한 정신기혈(精神氣血)이 생성되고, 정직중화(正直中和)의 대의(大道)를 잃게 되면 진액고유(津液膏油)가 불타고 만다.[34]

그러면 주재자로서 '심(心)'은 어디에 존재하는 것일까. 이는 분명히 오장지심(五臟之心)으로서 흉곽(胸廓) 안에 존재하는 자일 것이다. 그러므로 동무(東武)는 '오장지심(五臟之心)'[35]이라 한 것이다. 그렇다고 해서 주재자로서의 '심(心)'이 이렇듯 생리적(生理的) 형태심(形態心)일 따름일까. '호연지리출어심(浩然之理出於心)'[36]인데 호연지리(浩然之理)도 이러한 형태심(形態心)에서 나올 수 있는 것일까. 폐비간신(肺脾肝腎)의 사장(四臟)에 있어서도, 이미 천기인사(天機人事)에 따르는 형이상적 기능이 있는데도 '심(心)'만이 예외일 수 있을 것인가.

주재자로서의 '심(心)'은 역시 형태심(形態心)에서 형이상적(形而上的) 기능(機能)을 지닌 상징적 '심(心)'으로 간주하지 않을 수 없다. 다시 말하면 태극(太極)으로 상징되는 방화(万化)의 총괄자(總括者)로서의 '심(心)'이어야 할 것이다. 태극(太極)이 분화(分化)하여 음양(陰陽)이 되고 음양(陰陽)이 나누어짐으로써 사상(四象)을 낳게 되었으니, 이에 심(心)은 이 사상적(四象的) 사원구조(四元構造)의 황극적(皇極的) 위치를 점유함으로써 일신(一身)의 주재자(主宰者)가 된다.

---

34) "是故 耳必遠聽 目必大視 鼻必廣嗅 口必深味 耳目鼻口之用 深遠廣大則 精神氣血 生也, 淺近狹小則 精神氣血 耗也, 肺必善學 脾必善問 肝必善思 腎必善辨, 肺脾肝腎之用 正直中和則 津液膏油 充也, 偏倚過不及則 津液膏油 爍也"(同前書「臟腑論」)

35) "五臟之心 中央之太極也……中央之太極 聖人之太極 高出於衆人之太極也"(『保元』卷一「四端論」)

36) "浩然之理 出於心也……鄙薄貪懦一心之慾 明而辨之則 浩然之理 出於此也"(同前書「四端論」) 浩然之理…… 浩然之氣의 이치는 마음에서 온다.

맺는말

　동무(東武)의 '인간'을 한 마디로 말하라 한다면, '사원구조적(四元構造的) 실체(實體)'라고 해야 할 것이다. '인간'이란 본시 구조적(構造的) 기능(機能)을 지닌 것임에 의심의 여지가 없지만 그것이 사원구조(四元構造)로 형성되었다는 데에 사상설(四象說)의 기본이념이 깃들어 있고, 그것이 실체(實體)라는 데에 사상인론(四象人論)은 허상(虛像)이 아니라는 의미가 담겨져 있다. 우리는 자칫하면 사상(四象)은 음양설적(陰陽說的) 허상(虛像)으로 받아들이기가 쉬우나, 동무(東武)의 사상(四象)은 사원구조(四元構造)의 실상(實像)으로서 존재하고 있다. 그리하여 실상(實像)으로서의 사원구조(四元構造)는 음양대대론(陰陽對待論)과 진화론과 사차원설(四次元說)과 애노희락(哀怒喜樂) 성정론(性情論) 등에 의하여 기능화(機能化)되어 있다.

　동무(東武)의 사상설(四象說)는 비록 천인성명(天人性命)의 철학적 과제를 다루는 데 있어서도, 결코 관념론적 이론에 빠지지 않고, 신체적 구조와 거기에 따른 심(心)·성(性)·정(情)의 구체적(具體的) 실상(實相)으로 서술되어 있다. 그러므로 동무(東武)의 인간은 '이성적 동물'이니 '생각하는 갈대'니 하는 관념론적 정의가 아니라, 혜각(慧覺)의 지(知)와 자업(資業)의 행(行)을 지닌바 지행인(知行人)으로서 이를 파악하고 있다. 그러므로 동무(東武)의 인간은 윤리적 실천인이요 생활의 실용인이다. 물론 동무(東武)가 사실상 유인(儒人)임에는 의심의 여지가 없다. 그러나 그는 사상인(四象人)이라는 한 인간상을 정립함으로써, 정통유학의 울안에서 벗어난 것이다. 벗어난 그의 위치는 어디에 서 있는 것일까.

동무(東武)는 진정 허(虛)와 가(假)를 문제 삼지 않고 진실된 인간상을 추구한 결과, 다름 아닌 '사원구조적(四元構造的) 실체(實體)'로서의 인간을 발견하였다. 그러므로 동무(東武)는 공리공론(空理空論)의 세계에서 벗어나서 실사구시지학(實事求是之學)의 편에 서 있음을 알게 될 것이다.

9장

사상의학의 철학적 배경

1. 음양론적 사상

유가의 입장에서 인간의 존재 양식을 따질 때 공맹은 이를 윤리적 존재로 파악하였고, 정주(程朱)는 이를 심성적 영명체로 규정한 듯하다. 그러나 이제마는 이를 사상인으로 이해하고 있다.

동무 이제마(1837~1900)의 사상설은 본래 역리(易理)에 근거한다. 사상이란 음양 양의가 사분화된 것으로서, 이를 태(太)·소(少)·음(陰)·양(陽)의 사상이라 이른다. 그러므로 사상인이란 곧 태소음양(太少陰陽)의 사상인(四象人)이다. 달리 말한다면 인간의 유형을 태소(太少) 음양(陰陽)의 네 가지로 분류해 놓고 이를 일러 사상인이라 명명한 것이다. 그러므로 이제마의 철학은 곧 사상인학(四象人學)이라 해야 할는지 모른다.

이제마는 인간을 네 가지 유형으로 분류하였지만, 그 본질은 역리(易理)의 음양대대(陰陽對待)의 원리에서 취하여 이를 음양사상인(陰陽四象人)이라 하였다. 사상(四象)이란 본래 음양(陰陽) 양의(兩儀)의 분화에 의한 사상(四象)인 만큼 그것은 음양(陰陽)의 사상(四象)에 지나지 않기 때문에 사상인(四象人)이란 곧 음양인(陰陽人)의 사상(四象)이라는 사실을 알아야 한다. 다시 말하면 그의 사상철학(四象哲學)은 인간의 음양론적 이해를 그 본질로 삼고 있으니, 이를 거꾸로 말한다면 음양론적 존재로서의 인간 이해가 바로 이제마의 사상인학으로서의 사상철학이라 해야 할는지 모른다.

우리는 여기서 사상(四象)이라는 용어가 지니고 있는 또 다른 의미를 간과해서는 안 될 것이다. 왜 그는 하필 사원적(四元的) 의상(儀象)을 의미하는 사상(四象)이라는 부호를 차용하여 그의 인간론을 정립하였는가 하는 점이다. 왜냐하면 이제마는 "4"라는 수를 그가 이해하고 있는 우주론적 구조의 절대수로 간주하였기 때문이다. 고대에 있어서의 이러한 사례로서는 원자(原子)로서의 사원소관(四元素觀)에 입각하여, 서양에서는 지(地)·수(水)·화(火)·풍(風), 동양에서는 천(天)·지(地)·수(水)·화(火)론과 같은 것이 있었지만, 이제마는 그처럼 원자론적인 것이 아니요, 오로지 이를 하나의 상수(象數)로 이해함으로써 그의 인간 이해의 절대수로 간주하고 있는 것이다.

상(象)이란 『역(易)』의 「계사전(繫辭傳)」에 의하면 '사야(似也)' 또는 '의야(儀也)'라 하였는데, 이는 실체가 아니라 그의 의형(儀形)임을 의미하는 글자다. 그러므로 사상(四象)이란 어떠한 실체가 아니라 어떠한 실체의 사원적(四元的) 의상(儀象)인 것이다. 그러므로 이제마의 음양론적(陰陽論的) 인간학(人間學)은 그저 음양론적 인간학일 뿐만이 아니라, 거기서 한 걸음 더 나아가 사원적(四元的) 의상(儀象)이라는 수리적(數理的) 유형(類型)으로서의 인간학이라 해야 할 것이다.

중국 고대 의서(醫書)에 따르면 인간의 존재 양식을 음양론적으로 이해한 전례가 없는 것은 아니다. 그러나 그러한 것들은 대체로 총체적이요 종합적인 체계에 의하여 학(學)으로서 성립하기에는 아직 미흡한 것들이다. 이제마도 이에 대하여는 다음과 같이 언급한 바 있다.

"『영추(靈樞)』[1]서(書) 중에는 '태소음양오행인론(太少陰陽五行人論)' 이 있어 대략 그의 외형은 터득하였으나 아직 장부의 이치는 터득하지 못하였다. 대개 태소음양인(太少陰陽人)은 일찍이 옛날의 견해가 있었다 하더라도 아직 정밀한 연구가 이루어지지 못했던 것이다."[2]

이에 의하면 『영추(靈樞)』서(書) 중에 있는 사상오행인론(四象五行人論)은 아직 미숙한 단계에 있었던 것인데 은연중 이제마 자신에 의하여 체계적인 학문으로 정립되었음을 암시하고 있다. 이러한 학적 정리과정에 있어서 그 자신은 비록 언급하지 않았다 하더라도, 우리의 주목을 끄는 것은 옛날의 음양오행인론(陰陽五行人論)에서 오행인론(五行人論)은 이를 배제해 버리고 오직 태소(太少) 음양(陰陽), 곧 사상인론(四象人論)만으로 이를 굳혔다는 사실이다. 한대(漢代) 이후 송대(宋代)에 이르기까지의 전통적 유가는 역리(易理)를 오로지 음양오행설(陰陽五行說)이라는 복합원리(複合原理)로 이해하고 있다는 사실에 비추어 볼 때, 이제마의 사상설은 그중에서 오행설을 배제함으로써 전통적 유가의 사유세계에서 이탈하였다는 사실을 주목하지 않을 수 없다. 다시 말하면 음양오행이라는 복합적 세계관에서 벗어나, 오로지 대대원리(對待原理)로서의 음양론적 세계관으로 정립한 이제마의 사상철학(四象哲學)은 그러한 점에 있어서는 조선조 후기 실학

---

1) 『素問』『靈樞』『黃帝內經』 등은 東洋醫學 古典 중의 하나.
2) 李濟馬 原著 『東醫壽世保元』의 譯註本인 『四象醫學原論』(洪淳用, 李乙浩 共譯 서울: 杏林出版社, 1981: 144).

자로 지목되는 연암(燕岩) 박지원(朴趾源, 1737~1805), 다산(茶山) 정약용(丁若鏞, 1762~1836), 혜강(惠岡) 최한기(崔漢綺, 1803~1879) 등과도 그 궤를 같이하고 있음은 주목할 만하다.

2. 범인간론(汎人間論)

이제마의 사상철학(四象哲學)을 알기 위하여 그의 사상인론(四象人論)에 앞서 그의 범인간론(汎人間論)을 먼저 살펴보아야 할 것이다. 왜냐하면 그의 범인간론(汎人間論)이 바로 그의 사상인론(四象人論)의 기초가 되었기 때문이다.

여기서 주의해야 할 것은 그는 유가적 단어를 쓰면서도 그 개념은 독자적으로 규정짓고 있다는 사실이다. 그러므로 그러한 의미에서 먼저 그의 천인성명론(天人性命論)을 통하여 그의 범인간론(汎人間論)의 이해를 시도해 보기로 하자. 그는 다음과 같이 말한다.

"대동(大同)한 자는 천(天)이요, 각립(各立)하는 자는 인(人)이요, 박통(博通)하는 자는 성(性)이요, 독행(獨行)하는 자는 명(命)이다."[1]

이는 분명히 천(天)·인(人)은 서로 대를 이루고 있으면서도 대동(大同)과 각립(各立)으로 구분되고, 성(性)·명(命)도 서로 대를 이루고 있으면서도 박통(博通)과 독행(獨行)으로 구분되어 있다. 이들의 상대

---

1) 앞의 책, 第7章 「性命論」. 21쪽.

관계는 어떠한 의미를 가지고 있는 것일까? 다시 말하면 서로 상반된 대립관계인가, 아니면 서로 합일적(合一的) 대대(對待) 관계인가? 이제마는 천(天)·인(人)의 관계를 다음과 같이 말한다.

> "천기(天機)에 네 가지가 있으니 첫째는 지방(地方)이요, 둘째는 인륜(人倫)이요, 셋째는 세회(世會)요, 넷째는 천시(天時)니라."[2]
> "인사(人事)에 네 가지가 있으니 첫째는 거처(居處)요, 둘째는 당여(黨與)요, 셋째는 교우(交遇)요, 넷째는 사무(事務)니라."[3]

여기서 천(天)·인(人)은 천기(天機) 대 인사(人事)로 되어 있는데 구체적으로는 지방(地方) 대 거처(居處)요, 인륜(人倫) 대 당여(黨與)요, 세회(世會) 대 교우(交遇)요, 천시(天時) 대 사무(事務)로 나타난다. 그런데 거처(居處)는 지방(地方) 안에서의 거처(居處)요, 당여(黨與)도 인륜(人倫) 안에서의 당여(黨與)요, 교우(交遇)는 세회(世會) 안에서의 교우(交遇)요, 사무(事務)도 천시(天時) 안에서의 사무(事務)인 것처럼, 각립자(各立者)로서의 인사(人事)는 대동자(大同者)로서의 천기(天機) 안에서의 인사(人事)라는 점에서는 내외 불가분의 관계로 존재하며 합일(合一)된 자로 이해된다. 천인합일(天人合一)의 사상설적(四象說的) 구조라 해야 할는지 모른다.

그렇다면 천기(天機)·인사(人事)라는 용어의 개념을 어떻게 이해하여야 할 것인가? 자서(字書)에 의하면 천기(天機)란 천지(天地)의 기밀(機密)이라 하였지만, 그 기밀(機密)의 구체적 내용이 바로 지방(地方)·인륜(人倫)·세회(世會)·천시(天時)의 사상(四象)이다. 이들은 다

---

2) 앞의 책, 4쪽.

3) 앞의 책, 7쪽.

함께 기계론적 기능마저 구유(具有)하고 있다. 전자를 공간적이라 한다면 후자는 시간적이다.

인사(人事)는 일용상행의 도[日用常行之道]로서 일상적 인간사라는 점에서 자강불식(自彊不息)하는 천기(天機)의 건행(健行)과 구별된다. 그것의 기계론적 사원구조(四元構造)와 진화론적 기능에 있어서는 천기(天機)에서의 경우와 조금도 다름이 없다. 그러나 독행(獨行) 독존(獨存)하는 점에 있어서는 천기(天機)의 총괄적 대동(大同)과 구별된다. 단 인사(人事)는 천기(天機) 안의 존재자로서 내외·표리의 관계를 맺고 있다는 사실은 그의 장부기관(臟腑器官)의 직능(職能)에서 더욱 뚜렷이 나타난다.

> "귀는 천시(天時)를 듣고 눈은 세회(世會)를 보며, 코는 인륜(人倫)을 맡고 입은 지방(地方)을 맛본다."4) "폐(肺)는 사무(事務)에 통달(通達)하고 비(脾)는 교우(交遇)를 정합(整合)하며, 간(肝)은 당여(黨與)를 정립(定立)하고 신(腎)은 거처를 안정케 한다."5)

이목비구(耳目鼻口)는 밖으로 표출된 감각기관의 사상(四象)이요, 폐비간신(肺脾肝腎)은 안에 내재한 장부(臟腑)의 사상(四象)이다. 전자는 천기(天機)의 사상(四象)을 청시취미(聽視嗅味)하고 후자는 인사(人事)의 사상(四象)을 달합입정(達合立定)한다. 다시 말하면 이목비구(耳目鼻口)와 폐비간신(肺脾肝腎)은 인체의 사원(四元) 구조적(構造的) 내외 장기(臟器)의 사상(四象)으로서, 이제마의 사상설적(四象說的)—철학적—인간론의 창의적 일면인 것이다.

---

4) 앞의 책, 7쪽.
5) 앞의 책, 10쪽.

이에 이를 전제로 하여 몇 가지 특이한 점을 살펴본다면,

첫째, 천기(天機)는 그것이 신령(神靈)과 같은 인격신적(人格神的) 존재가 아니라, 인사(人事)와 합일된 구조적 기능으로서 존재한다는 것이다. 그것은 한 걸음 더 나아가 인간의 사원구조적(四元構造的) 장기(臟器)인 이목비구(耳目鼻口)와 폐비간신(肺脾肝腎)의 직능을 통하여 이해된다. 그러므로 이목비구(耳目鼻口)나 폐비간신(肺脾肝腎)의 사원적(四元的) 직능(職能)이 결여된 금수(禽獸)의 세계에서는 천기(天機)·인사(人事)는 존재할 수 없다. 이러한 인간중심론(人間中心論)은 유가의 세계에서 일보도 밖으로 나아가지 않았다 하더라도, 그것은 이제마(李濟馬)의 창의적(創意的) 사상설(四象說)에 의하여 전개되었음을 엿볼 수 있다.

둘째, 여기에는 진화론적 사차원(四次元) 세계관(世界觀)이 바닥에 깔려 있다. 그것은 생물학적 진화론이기보다는 차라리 인간학적 또는 인류문화사적 조화론이라 해야 할는지 모른다.

지방(地方)이 생성된 연후에 인륜세계(人倫世界)가 형성됨으로써 인간은 금수계(禽獸界)에서 이탈하여 일약 윤리세계 안의 존재자로 진화된 것이다. 윤리세계는 자율적인 도덕률의 자각에 의하여 조절할 수 있지만, 인류사회가 복잡 다양하게 발달됨에 따라 타율적인 정치제도가 형성됨으로써 세회(世會)로 진화되었으며, 이에 공간적 이해에서 시간적 유전(流轉)에 따른 역사의식이 조성됨으로써 천시(天時)가 자각되기에 이른 것이다. 이에 지방(地方)·인륜(人倫)·세회(世會)·천시(天時)의 순서는 곧 인류문화발전의 진화론적 사원단계(四元段階)라는 소이가 여기에 있다.

따라서 거처(居處)·당여(黨與)·교우(交遇)·사무(事務)라는 인사(人事)

의 사상(四象)도 그러한 순위에 따른 진화론적 사원단계(四元段階)의
발달과정으로 설명된다. 이러한 문화인류학적 진화과정뿐만이 아니
라, 이목비구(耳目鼻口)와 폐비간신(肺脾肝腎)도 이에 준하여 생물학적
진화과정이 사원단계(四元段階)를 겪고 있는 것이다.[6]

그러므로 결과적으로는 이(耳)와 천시(天時), 목(目)과 세회(世會),
비(鼻)와 인륜(人倫), 구(口)와 지방(地方)의 순위가 각각 일치하며, 폐
(肺)와 사무(事務), 비(脾)와 교우(交遇), 간(肝)과 당여(黨與), 신(腎)과
거처(居處)의 순위가 또한 각각 일치한다. 그러므로 따라서 이청천시
(耳聽天時), 목시세회(目視世會), 비취인륜(鼻嗅人倫), 구미지방(口味地方)
은 그들의 진화론적 순위에 따른 자율적 일치요, 폐달사무(肺達事務),
비합교우(脾合交遇), 간립당여(肝立黨與), 신정거처(腎定居處)도 또한 그
의 진화론적 과정의 일치에 따른 자율적 결과인 것이다.

뿐만 아니라, 여기에는 사차원(四次元) 세계관(世界觀)이 복재(伏在)
해 있다.

> "천시(天時)는 지극히 탕탕(蕩蕩)하고 세회(世會)는 지극히 크며
> [大], 인륜(人倫)은 지극히 넓고[廣] 지방(地方)은 지극히 아득하
> 다[邈]."[7]

여기에서 쓰인 막(邈)・광(廣)・대(大)・탕(蕩)의 개념은 이를 잘 설
명해 주고 있다. 막(邈)은 아득한 직선의 방향이니 일차원적(一次元的)
이요, 광(廣)은 넓은 평면의 개념에서 왔으니 이차원적(二次元的)이요,
대(大)는 부피의 크기이니 입체로서의 삼차원적(三次元的)이요, 탕(蕩)

---

6) 앞의 책, 8~10쪽.

7) 앞의 책, 9쪽.

은 물결처럼 흔들리는 유전(流轉)의 상(象)이니 천시(天時)라 이르는 역사적 시간으로서의 사차원적(四次元的) 개념이다.

이제마(李濟馬)의 철학적 인간학에 있어서의 진화론 및 사차원 세계관의 도입은 애오라지 서구사조에서 연유한 현대사상에의 접근이 가능함을 시사해 주는 것이 아닐 수 없다. 이는 마치 역괘(易卦)에서의 복체(伏體)처럼 밖으로 나타나지 않는 내재적 상(象)이기는 하지만, 천기(天機)·인사(人事)는 물론이거니와 인체의 내외 장기(臟器)에도 깊숙이 깔려 있음을 간과한다면 그의 사상설적(四象說的) 인간학(人間學)은 이해할 길이 막히고 말 것이다.

둘째, 이제마(李濟馬)의 성(性)·명(命)은 어떻게 이해하여야 할 것인가? 이는 유가(儒家)의 지행(知行)과도 상통하지만 역시 독자적 개념을 설정하고 있다.

"하늘이 만민(萬民)을 내실 때에 성(性)은 혜각(慧覺)으로써 마련해 주었으며……",8) "인의예지(仁義禮智) 충효우제(忠孝友悌) 등 모든 선행(善行)은 다 혜각(慧覺)에서 나왔다"9) 하였으니 혜각(慧覺)은 성(性)이요 지(知)다.

"하늘이 만민(萬民)을 내실 때에 명(命)은 자업(資業)으로써 마련해 주었으며……"10), "사농공상(士農工商) 전택방국(田宅邦國)의 모든 이용(利用)은 다 자업(資業)에서 나왔다"11) 하였으니 자업(資業)은 명(命)이요 행(行)이다. 또 이제마(李濟馬)는, "함(頷)·억(臆)·제(臍)·복(腹)

---

8) 앞의 책, 30쪽.

9) 앞의 책, 31쪽.

10) 앞의 책, 30쪽.

11) 앞의 책, 31쪽.

은 그의 지(知)를 행하고, 두(頭)·견(肩)·요(腰)·둔(臀)은 그의 행(行)을 행한다"[12] 하고 또, "함(頷)에는 주책(籌策)이 있고 억(臆)에는 경륜(經綸)이 있으며, 제(臍)에는 행검(行檢)이 있고 복(腹)에는 도량(度量)이 있다"[13] 하였으니 주책(籌策)·경륜(經綸)·행검(行檢)·도량(度量)은 박통자(博通者)로서의 혜각(慧覺)이요, 성(性)이요, 지(知)다. 그는 또, "두(頭)에는 식견(識見)이 있고 견(肩)에는 위의(威儀)가 있으며, 요(腰)에는 재간(材幹)이 있고 둔(臀)에는 방략(方略)이 있다"[14] 하였으니 식견(識見)·위의(威儀)·재간(材幹)·방략(方略)은 독행자(獨行者)로서의 자업(資業)이요, 명(命)이요, 행(行)이다.

그러므로 이제마(李濟馬)는 '성명(性命)은 곧 지행(知行)'이라 하여 다음과 같이 말한다.

"지(知)·행(行)이 쌓이면 그것이 바로 도(道)·덕(德)이요, 도(道)·덕(德)이 이루어지면 그것이 바로 인(仁)·성(聖)이니, 도(道)·덕(德)이 다름 아니라 지(知)·행(行)이요, 성(性)·명(命)이 다름 아니라 지(知)·행(行)이니라."[15]

이에 지(知)·행(行)으로서의 성(性)·명(命)은 상반된 것이 아니라 대대적(對待的)이요, 음양론적(陰陽論的)이다.

셋째로 이제마(李濟馬)의 인간직립설(人間直立說)에 근거한 음양론의 전개를 지적하지 않을 수 없다. 막스셀러는, "……직립 보행하며 척추가 변형되어 있으며 두개골이 균형 잡혀 있으며 인간의 두뇌가

---

12) 앞의 책, 18쪽.

13) 앞의 책, 12쪽.

14) 앞의 책, 14쪽.

15) 앞의 책, 32쪽.

현저하게 발달하여 있으며 직립 보행의 결과 기관(器官)이 변형되어 있다"[16] 하여 인간직립에 의한 인체구조의 변형을 암시하고 있지만, 이제마(李濟馬)는 이를 보다 구체적으로 체계화하였다. 다시 말하면 그는 인간직립설을 음양론적으로 재정립하여 이목비구(耳目鼻口)·폐비간신(肺脾肝腎)·함억제복(頷臆臍腹)·두견요둔(頭肩腰臀)을 사원구조적(四元構造的)으로 설명한다.

첫째, 인간과 금수와의 구별은 곧 인간 직립에 따른 음양의 위치 전이에 있는 것으로 간주하고 있다. 다시 말하면 동물에 있어서의 수미(首尾) 횡행(橫行)은 배양포음(背陽抱陰)인 데 반하여, 인간에 있어서의 직립 보행은 배음포양(背陰抱陽)인 것이다. 그리하여 인간은 두원족방(頭圓足方)하여 천원지방(天圓地方)한 천리(天理)에 접근하게 되었다. 어쨌든 그러한 결과로서 포양(抱陽)한 함(頷)·억(臆)·제(臍)·복(腹)의 전면에서는 행기지[行其知]하고 배음(背陰)한 두(頭)·견(肩)·요(腰)·둔(臀)의 후면에서는 행기행[行其行]하게 된 것이다. 그리하여 전자는 혜각(慧覺)과 성(性)과 지(知)의 원천이 되고, 후자는 자업(資業)과 명(命)과 행(行)의 활력을 낳는다.

둘째, 인간 직립은 음양의 상하가 확립되었다. 이제마(李濟馬)는 애(哀)·노(怒)·희(喜)·락(樂)의 기(氣)를 다음과 같이 음양론적인 상승(陽) 하강(陰)으로 설명한다.

"애기(哀氣)는 직승(直升)하고 노기(怒氣)는 횡승(橫升)하며, 희기(喜氣)는 방강(放降)하고 낙기(樂氣)는 함강(陷降)한다"[17] 하였는데, 『서경(書經)』의 홍범(洪範)에서도 "물을 윤하라 하고, 불을 염상[水曰潤下,

---

16) 막스셀러 著, 申相浩 譯, 『哲學的 人間學』 서울: 正音社, 11쪽.

17) 위의 책, 『四象醫學原論』 「第2章 「四端論」」, 48쪽.

252 의학론

火日炎上]"이라 했듯이 양[陽(火)]은 상승하고 음[陰(水)]은 하강하므로, 인체 안의 음양지기(陰陽之氣)도 상하승강이 직립에 의하여 조절이 된다. 그러나 횡행동물(橫行動物)들은 그러한 음양의 조절이 횡적(橫的)으로 이루어지다가 인간직립에 의하여 비로소 음양조절의 정도(正道)를 얻게 되었으며, 희로애락(喜怒喜樂)도 상하음양의 순리(順理)로 정상화되었다는 것이다. 그리하여 이제마(李濟馬)는 금수계(禽獸界)에서는 찾아볼 수 없는 인간의 희로애락(喜怒喜樂) 성정론(性情論)을 사상론적(四象論的)으로 정립한 것이다.

이에 천(天)·인(人)·성(性)·명(命)의 사상설적(四象說的) 사원구조(四元構造)를 도시(圖示)하면 다음과 같다.

```
天 ─ 天時(耳) ─ 世會(目) ─ 人倫(鼻) ─ 地方(口)
 │        │        │        │        │
人 ─ 事務(肺) ─ 交遇(脾) ─ 黨與(肝) ─ 居處(腎)
 │        │        │        │        │
性 ─ 籌策(頷) ─ 經綸(臆) ─ 行檢(臍) ─ 度量(腹)
 │        │        │        │        │
命 ─ 識見(頭) ─ 威儀(肩) ─ 材幹(腰) ─ 方略(臀)
```

이는 천(天)·인(人)·성(性)·명(命)의 총체적 사원구조도(四元構造圖)인 동시에 그의 구체적 내용인 이목비구(耳目鼻口)·폐비간신(肺脾肝腎)·함억제복(頷臆臍腹)·두견요둔(頭肩腰臀)의 사원구조도(四元構造圖)이기도 한 것이다. 이 사원구조도(四元構造圖)야말로 이제마(李濟馬) 사상철학(四象哲學)의 요체가 아닐 수 없다.

3. 사상인론(四象人論)

이상에서 이제마(李濟馬)의 범인간론(汎人間論)을 일별하였거니와, 이에 기초하여 그의 사상인론(四象人論)은 전개된다.

"사람이 타고난 장부(臟腑)의 이치에 같지 않은 것이 네 가지가 있다. 폐(肺)가 크고 간(肝)이 작은 자를 태양인(太陽人)이라 하고, 간(肝)이 크고 폐(肺)가 작은 자를 태음인(太陰人)이라 한다. 비(脾)가 크고 신(腎)이 작은 자를 소양인(少陽人)이라 하고, 신(腎)이 크고 비(脾)가 작은 자를 소음인(少陰人)이라 한다."[1]

범인간(汎人間)의 사원구조(四元構造)가 사상인(四象人)에 의하여 대(大)·소(小)의 편향성(偏向性)을 띠게 됨으로써 네 가지가 다른 유형의 인간을 낳게 하였다는 것이니, 이러한 인간(人間) 사유형설(四類型說)은 히포크라테스의 사체액설(四體液說)이나 란드슈타이네의 사혈액설(四血液說)에 의해서도 제창된 바 있지만, 이제마(李濟馬)의 사상인론(四象人論)에서처럼 인체의 사원구조(四元構造)의 전체를 놓고 그

---

1) 앞의 책, 36쪽.

의 대소편향(大小偏向)에 의하여 그 유형을 분류한 인간론은 아마도 그 전례를 찾아볼 수 없을 것이다. 이 점을 이해하기 위하여 다음과 같은 사실에 유의할 필요가 있다.

첫째, 여기서 분류의 근거가 된 폐(肺)·비(脾)·간(肝)·신(腎)의 대소(大小)는 그의 대개념(大概念)에 의하여 이해되어야 한다.

"수곡(水穀)의 온기(溫氣)는 위완(胃脘)에서 진(津)으로 화(化)하여 설하(舌下)로 들어가 진해(津海)가 되니 진해(津海)란 진(津)이 모여 있는 곳이다. 진해(津海)의 청기(淸氣)는 이(耳)로 나와서 신(神)이 되고, 두뇌(頭腦)로 들어가 이해(膩海)가 되는 것이니, 이해(膩海)란 신(神)이 모여 있는 곳이다. 이해(膩海)의 이즙(膩汁)이 청(淸)한 자는 폐(肺)로 들어가고 탁재(濁滓)는 밖으로 피모(皮毛)로 들어가는 까닭에, 위완(胃脘)과 설(舌)·이(耳)·두뇌(頭腦)·피모(皮毛)는 폐(肺)의 무리다"[2]라 한 것은 폐(肺)의 대개념(大概念)을 설정한 것이니, 폐(肺)는 단순히 폐장(肺臟)이 아니라 그것은 위완(胃脘)·설(舌)·이(耳)·두뇌(頭腦)·피모(皮毛) 등과 더불어 폐(肺)의 계열[系列(黨)]이라는 종합개념을 이루고 있다. 이와 같은 논법으로 비(脾)의 대개념은 수곡열기(水穀熱氣)에 의하여 위(胃)·양유(兩乳)·목(目)·배려(背膂)·근(筋)과 더불어 형성되고, 간(肝)의 대개념은 수곡양기(水穀凉氣)에 의하여 소장(小腸)·제(臍)·비(鼻)·요척(腰脊)·육(肉)과 더불어 형성되고, 신(腎)의 대개념은 수곡한기(水穀寒氣)에 의하여 대장(大腸)·전음(前陰)·구(口)·방광(膀胱)·골(骨)과 더불어 형성되었으니, 소위 사상인(四象人) 장부(臟腑)의 대소(大小)는 모름지기 그들의 대개념(大概念)으로 이해되어야

---

2) 앞의 책, 「臟腑論」 82쪽.

할 것이다.

둘째, 사상인(四象人)이 품부(稟賦)한 장부(臟腑)의 사원구조(四元構造)는 폐비간신(肺脾肝腎)의 대소(大小)로만 논할 것이 아니라, 이와 밀접한 관계를 맺고 있는 성명론(性命論)에 의하여도 이해되어야 한다.

　　"태양인(太陽人)은 애성(哀性)은 원산(遠散)하지만 노정(怒情)은 촉급(促急)하니, 애성(哀性)이 원산(遠散)하면 기(氣)가 폐(肺)로 주입(注入)되어 폐(肺)는 더욱 성(盛)하고, 노정(怒情)이 촉급(促急)하면 기(氣)가 간(肝)을 격동시켜 간(肝)은 더욱 깎일 것이니, 태양(太陽)의 장국(臟局)이 폐대간소(肺大肝小)로 형성된 것은 이 때문이다. 소양인(少陽人)은 노성(怒性)은 굉포(宏抱)하지만 애정(哀情)은 촉급(促急)하니, 노성(怒性)이 굉포(宏抱)하면 기(氣)가 비(脾)로 주입(注入)되어 비(脾)는 더욱 성(盛)하고, 애정(哀情)이 촉급(促急)하면 기(氣)가 신(腎)을 격동(激動)시켜 신(腎)은 더욱 깎일 것이니, 소양(少陽)의 장국(臟局)이 비대신소(脾大腎小)로 형성된 것은 이 때문이다. 태음인(太陰人)은 희성(喜性)은 광장(擴張)하지만 낙정(樂情)은 촉급(促急)하니, 희성(喜性)이 광장(擴張)하면 기(氣)가 간(肝)으로 주입(注入)되어 간(肝)은 더욱 성(盛)하고, 낙정(樂情)이 촉급(促急)하면 기(氣)가 폐(肺)를 격동(激動)시켜 폐(肺)는 더욱 깎일 것이니, 태음(太陰)의 장국(臟局)이 간대폐소(肝大肺小)로 형성된 것은 이 때문이다. 소음인(少陰人)은 낙성(樂性)은 심확(深確)하지만 희정(喜情)은 촉급(促急)하니, 낙성(樂性)이 심확(深確)하면 기(氣)가 신(腎)으로 주입(注入)되어 신(腎)은 더욱 성(盛)하고, 희정(喜情)이 촉급(促急)하면 기(氣)가 비(脾)를 격동(激動)시켜 비(脾)는 더욱 깎일 것이니, 소음(少陰)의 장국(臟局)이 신대비소(腎大脾小)로 형성된 것은 이 때문이다."[3]

　이는 폐비간신(肺脾肝腎)의 장부(臟腑)와 애노희락(哀怒喜樂)의 성정(性情)이 불가분의 관계임을 보여주는 것이다. 정약용(丁若鏞)이 그의

---

3) 앞의 책, 「第2章 四端論」, 44～45쪽.

『심성총의(心性總義)』에서 심신양분론(心身兩分論)을 반대하여 "신(神)·형(形)은 묘합(妙合)하여 이내 인간의 형체를 이루었다" 하였으니 이러한 입장에서 이제마(李濟馬)는 그의 사상인론(四象人論)을 펴냈다고 할 수 있다. 이렇듯 인간의 장부(臟腑)는 성정(性情)에 의하여 성형되느니만큼 심[心(性情)] 신[身(臟腑)]이 묘합(妙合)한 당연한 결과이기도 한 것이다.

셋째, 이를 총괄적으로 주관하는 자는 무엇일까? 이제마(李濟馬)는 이를 심(心)이라 하였으니 그렇다면 그의 심(心)은 어떻게 이해하여야 할 것인가?

> "오장(五臟)의 심(心)은 중앙(中央)의 태극(太極)이요 오장(五臟)의 폐비간신(肺脾肝腎)은 사유(四維)의 사상(四象)이다."[4]

폐(肺)·비(脾)·간(肝)·신(腎)·심(心)의 오장(五臟) 중에서도 심(心)은 다른 사유(四維)의 사장(四臟)보다 뛰어난 태극(太極)으로서의 심(心)이라 한다. 이제마(李濟馬)의 태극(太極)은 송유(宋儒)들의 이른바 '태극은 리다[太極理也]'라 한 리(理)로서의 태극이 아니라, 정약용(丁若鏞)의 이른바 중통(衆桶)이 취합(聚合)한 옥극(屋極)으로서의 중앙(中央)을 방불하게 하기 때문이다.

어쨌든 이제마(李濟馬)는 심(心)을 유형(有形)한 오장지심(五臟之心)으로 간주하면서도 중앙의 태극이라고 하는 총괄자로 이해하였음은 형체적(形體的)인 심장(心臟)이 지니고 있는 전체를 총괄하는 심장(心臟)의 기능을 더욱 중시한 것 같다. 그러므로 그는 다음과 같이 설파

---

4) 앞의 책, 38쪽.

하였다.

> "심(心)은 일신(一身)의 주재자(主宰者)가 되어 네 귀퉁이와 마음
> 을 등에 지고 앞가슴의 중앙(中央)을 올바로 향하면 불빛처럼 맑
> 게 빛나고 이(耳)·목(目)·비(鼻)·구(口)는 살피지 못한 것이 없
> 으며, 폐(肺)·비(脾)·간(肝)·신(腎)은 헤아리지 못하는 것이 없고,
> 함(頷)·억(臆)·제(臍)·복(腹)은 정성을 다하지 않는 것이 없으며,
> 두(頭)·견(肩)·요(腰)·둔(臀)은 공경하지 않는 것이 없다."5)

이 심(心)은 일신(一身)의 사원구조(四元構造)를 총괄 주재하는 자로
서의 심(心)이니, 형체적이 아니라 기능적 주재심(主宰心)인 것이다.
그러므로 사상인(四象人)의 편향성(偏向性)도 심(心)의 주재(主宰)에 의
하여 조화와 균형을 이루면 불빛처럼 밝게 빛나게 된다는 것이다.
그러한 의미의 심(心)은 사원구조적(四元構造的) 인간의 총체적(總體
的) 상(象)으로 이해되며 존재하는 자라 하지 않을 수 없다.

이렇듯 심학(心學)에 접근한 이제마(李濟馬)의 심(心)은 이미 맹자유
(孟子儒)의 사단지심(四端之心)에서 그의 묘맥(苗脈)을 엿볼 수 있다.
그러나 이제마(李濟馬)의 심학(心學)은 주재심(主宰心)으로서 존재하면
서도 능동적이요 자율적인 책임(責心)으로 나타난다. 고전적 맹자유
(孟子儒)에 있어서는 존심양성론(存心養性論)에서 이미 그것이 선천적
인 것으로 되어 있지만, 이제마(李濟馬)는 그것을 오히려 보다 더 자
율적(自律的) 능동심(能動心)으로 이해하려고 한다. 이러한 측면은 또
한 마치 정약용(丁若鏞)의 활성론(活性論)6)에 접근하고 있는 듯하다.

---

5) 앞의 책, 第4章 「臟腑論」, 92쪽.

6) 拙著, 『茶山經學思想研究』, 「第2編」 第4節 「諸儒의 人性論」 서울: 乙酉文化社. 90쪽.

이에 이제마(李濟馬)의 성정론(性情論)도 정약용(丁若鏞)의 성기호설(性嗜好說)에 접근하고 있는 점을 음미하고 넘어가야 할 것 같다.

"이(耳)는 선성(善聲)을 좋아하고 목(目)은 선색(善色)을 좋아하며, 비(鼻)는 선취(善臭)를 좋아하고 구(口)는 선미(善味)를 좋아한다."[7] "폐(肺)는 악성(惡聲)을 싫어하고 비(脾)는 악색(惡色)을 싫어하며, 간(肝)은 악취(惡臭)를 싫어하고 신(腎)은 악미(惡味)를 싫어한다".[8]

이는 곧 이목비구(耳目鼻口)와 폐비간신(肺脾肝腎)의 기호에 따른 호선(好善)·오악(惡惡)의 사상(四象)인데, 정약용(丁若鏞)도 그의 『중용자잠(中庸自箴)』의 「서두(序頭)」에서 "본성은 선을 좋아하고 악을 싫어한다[性者 好善而惡惡]"고 하였다. 이 점에서 이제마(李濟馬)는 정약용(丁若鏞)의 성기호설(性嗜好說)을 사상설적(四象說的)으로 원용(援用)한 것이라 하지 않을 수 없다.

공자(孔子)도 『논어』에서 "오직 인인(仁人)이라야 사람을 좋아할 수도 있고 사람을 미워할 수도 있다「이인(里仁)」"하였으니, 이를 보완하면 "능히 선인(善人)을 좋아하고 악인(惡人)을 미워할 수도 있다"고 해야 할 것이다. 이제마(李濟馬)는 이러한 호오(好惡)를 이목비구(耳目鼻口)·폐비간신(肺脾肝腎) 등의 사상설적(四象說的) 호오(好惡)로 설명하였고, 정약용(丁若鏞)도 그의 성기호설(性嗜好說)을 근거로 하여 호오(好惡)를 논하였으니, 이 점에 있어서도 이제마는 공자─다산─이제마의 계보로 맥락이 이어진다고 해야 할 것이다.

이제마의 사상철학(四象哲學)이 독창적이라는 사실은 이능화(李能和)·최남선(崔南善) 등 근세 국학자들에 의하여 이미 언급된 바 있기

---

7) 같은 책, 第1章 「性命論」, 20쪽.

8) 앞의 책, 21쪽.

는 하지만, 도리어 그의 독창성 때문에 전통적이요 일반론적인 학술사에서는 제대로의 한 위치를 차지하지 못하고 있다. 그러므로 이제마 사상철학의 정당한 평가를 위하여 다음과 같은 몇 가지 사실을 지적하고자 한다.

첫째, 이제마의 사상철학은 철학적 인간학으로 다루어져야 할 것이다. 이를 동양철학적 입장에서는 역리(易理)로서의 음양론적 인간학이라 해야 할는지 모른다. 그러나 그의 음양론적 인간학은 사상적 사원구조의 범주 안에서의 인간학이기 때문에, 전통적 역학(易學)의 우주론적 전개, 곧 팔괘(八卦)에서 육십사괘(六十四卦)로 전개되는 역리(易理)와는 무관하다는 사실에 유의해야 할 것이다. 그러므로 우리는 이를 사상철학적 인간학이라 해야 할는지 모른다.

둘째, 이제마의 사상철학적 인간학은 진정한 의미에 있어서의 종합적 인간학으로 이해되어야 할 것이다. 생물학적 인간학을 기초로 하여 심리학적 인간학, 윤리학적 인간학, 사회학적 인간학, 형이상학적 인간학 등 다양하게 분화된 인간학이 하나의 통일된 체계 아래에서 사원구조(四元構造)를 골격으로 설명되고 있는 것이다. 사상철학적(四象哲學的) 인간학(人間學)이 사상의학(四象醫學) 곧 심신일여(心身一如)의 체질의학(體質醫學)으로 승화 응용되는 소이가 여기에 있다.

셋째, 이제마의 사상철학(四象哲學)은 마땅히 한국사상 나아가서는 한국철학사의 맥락 위에서 그의 독자적 위치가 설정되어야 할 것이다. 이제마(李濟馬)의 사상철학(四象哲學)은 비록 창의적이라 하더라도 유가에서 선탈(蟬脫)된 것이라는 한계성을 뛰어넘지는 못하였다. 그러한 각도에서 살펴본다면 조선조 후기 개신유학자(改新儒學者)—통칭 실학자—들의 경설(經說)과도 일맥상통하는 점을 발견하게 될

것이고, 그것은 곧 한국사상의 맥락과도 상통되는 측면이라는 사실을 알아야 할 것이다.9)

9) 1. 拙稿, 「李東武四象說 論攷」, 『哲學硏究』 第7輯(서울: 철학연구회, 1972).
　　拙著, 『茶山學의 理解』(서울: 玄岩社, 1972)에 再收錄.
　2. 拙稿, 「東武四象說의 經學的 基調」, 『韓國學報』 第6輯(서울: 一志社, 1977).
　3. 拙著, 『韓國改新儒學史試論』(서울: 博英社, 1980).
　4. 洪淳用 李乙浩 共纂註, 『四象醫學原論』(서울: 杏林出版社, 1978).

발문

이 책을 발행하게 된 것은 <이을호 전서> 초간본이 품절되어 찾는 독자들이 많았고, 전서의 증보와 보완이 있었으면 좋겠다는 여망에 따른 것입니다. 전서가 발행된 이후에도 특히 번역본에 대한 일반 독자의 수요가 많아서 『간양록』을 출간하였으며, 『한글 사서』(한글 중용・대학, 한글 맹자, 한글 논어)는 비영리 출판사 '올재 클래식스'가 고전 읽기 운동의 교재로 보급하였고, 인터넷에서도 공개하고 있습니다. 『한글 논어』는 교수신문에서 '최고의 고전번역'으로 선정되기도 하였습니다.

그간 선친의 학문에 대한 관심의 고조와 함께 생전의 행적을 기리는 몇 가지 사업들이 있었습니다. 서세(逝世) 이듬해에 '건국포장'이 추서되었습니다. 선친께서는 생전에 자신의 항일활동을 굳이 내세우려 하지 않으셨기 때문에, 일제강점기에 임시정부를 지원하고 영광만세운동과 관련하여 옥고를 치렀던 일들을 사후에 추증한 것입니다.

향리 영광군에서도 현창사업이 있었습니다. 생애와 업적을 기리는 사적비(事績碑)가 영광읍 우산공원에 세워졌습니다. 그러나 금석(金石)의 기록 또한 바라지 않으신 것을 알기에 영광군에서 주관한 사적비의 건립 역시 조심스러웠습니다.

서세 5주년 때는 '선각자 현암 이을호 선생의 내면세계'를 주제로 한 학술심포지엄이 영광문화원 주최로 영광군에서 열렸습니다. 그의 학문이 "한국의 사상과 역사를 새롭게 연구하고, 우리 문화의 미래적 방향을 제시한 것"이었음이 알려지자, '한국문화원연합회 전남지회'에서는 『현암 이을호』라는 책을 간행하여 여러 곳에 보급하기도 하였습니다. 이후 영광군에서는 전국 도로명주소 전환 사업 시 고택(故宅) 앞 길을 '현암길'로 명명하였습니다.

학계에서는 전남대학교가 '이을호 기념 강의실'을 옛 문리대 건물에 개설하여 그곳에 저서를 전시하고, 동양학을 주제로 하는 강의와 학술모임을 하고 있습니다. 선친의 학문 활동은 일제시대 중앙일간지와 『동양의학』 논문지 등에 기고한 논설들이 그 효시라 할 수 있지만, 그 이후 학문의 천착은 일생 동안 몸담으셨던 전남대학교에서 이루어졌음을 기린 것입니다. 지금은 생전에 많은 정성을 기울이셨던 '호남의 문화와 사상'에 대한 연구도 뿌리를 내리게 되어 '호남학'을 정립하려는 노력들이 활발하게 이루어지고 있습니다. 또한 한국공자학회에서 논문집 『현암 이을호 연구』를 간행하였고, 최근 출간한 윤사순 교수의 『한국유학사』에서 그 학문적 특징을 '한국문화의 새로운 방향을 제시한 업적'으로 평가하였습니다.

이제 하나의 소망이 있다면, 그 학문이 하나의 논리와 체계를 갖춘 '현암학'으로 발전하는 것입니다. 이 출간이 '책을 통하여 그 학문과 삶이 남기'를 소망하셨던 선친의 뜻에 다소나마 보답이 되었으면 합니다. 덧붙여서 이 전집이 간행되기까지 원문의 번역과 교열에 힘써 준 편집위원 제위와 이 책을 출간하여준 한국학술정보(주)에도 사의를 드립니다.

2014년 첫봄

장자 원태 삼가 씀

편집 후기

2000년에 간행된 <이을호 전서>는 선생의 학문과 사상을 체계적으로 이해하도록 편찬하였었다. 따라서 다산의 경학을 출발로, 그 외연으로서 다산학 그리고 실학과 한국 사상을 차례로 하고, 실학적 관점으로 서술된 한국 철학과 국역 『다산사서(茶山四書)』, 『다산학제요』 등을 실었던 것은, 다산학을 중심으로 형성된 한국적 사유의 특징을 이해하도록 한 것이었으며, 그 밖의 『사상의학』과 『생명론』은, 선생이 한때 몸담았던 의학에 관계된 저술이었다.

지금은 초간본이 간행된 지 14년의 세월이 흘러, 젊은 세대들은 원전을 이해하지 못하는 사람들이 늘어나고, 그 논문의 서술방식 또한 많이 바뀌어 가고 있다.

이러한 상황의 변화에 따라 새로운 전집의 간행이 이루어졌으면 하는 의견들이 많아 이번에 <현암 이을호 전서>를 복간하게 된 것이다.

이 책의 편차는 대체적으로 선생의 학문적 흐름을 쉽게 이해할 수 있다는 점에서 이미 간행되었던 <이을호 전서>의 큰 틀은 그대로 유지하면서도 각 책을 따로 독립시켜 각자의 특색이 드러나도록 하였다. 특히 관심을 기울인 것은 원문의 번역과 문장의 교열을 통하여 그 내용을 쉽게 이해할 수 있도록 한 것이다.

그 과정에서 가장 중점을 둔 것은 원문의 국역이었다. 저자는 문장의 서술과정에서 그 논증의 근거를 모두 원문으로 인용하였다. 그러나 이번에 인용문은 모두 국역하고 원문은 각주로 처리하였다. 또한 그 글의 출처와 인명들도 모두 검색하여 부기함으로써 독자들의 이해를 돕도록 한 것이다.

또한 이전의 책은 그 주제에 따라 분책(分冊)하였기 때문에 같은 주제에 해당하는 내용은 모두 한 책으로 엮었으나 이번 새로 간행된 전집은 다채로운 사상들이 모두 그 특색을 나타내도록 분리한 것이다. 이는 사상적 이해뿐 아니라 독자들의 이용에 편의를 제공하고자 하는 뜻도 있다.

또 한 가지는 서세 후에 발견된 여러 글들을 보완하고 추모의 글도 함께 실어서 그 학문세계뿐 아니라 선생에 대한 이해의 폭을 더욱 넓히는 데 참고가 되도록 하였다.

이제 이와 같이 번역·증보·교열된 <현암 이을호 전서>는 선생의 학문이 한국사상연구의 현대적 기반과 앞으로 새롭게 전개될 한국 문화의 미래적 방향을 제시하는 새로운 이정표로서 손색이 없기를 간절히 기대한다.

갑오년(甲午年) 맹춘(孟春)

증보·교열 <현암 이을호 전서> 복간위원회

안진오 오종일 최대우 백은기 류근성 장복동 이향준 조우진
김경훈 박해장 서영이 최영희 정상엽 노평규 이형성 배옥영

『현암 이을호 전서』 27책 개요

1. 『다산경학사상 연구』

처음으로 다산 정약용의 철학을 체계적으로 연구한 저서이다. 공자 사상의 연원을 밝히고 유학의 근본정신이 어디에서 발원하였는가 하는 것을 구명한 내용으로서, 유학의 본령에 접근할 수 있는 지침서이다(신국판 346쪽).

2. 『다산역학 연구 Ⅰ』

3. 『다산역학 연구 Ⅱ』

다산의 역학을 체계적으로 연구한 책으로서 다산이 밝힌 역학의 성립과 발전적 특징을 시대적으로 제시하고 다산이 인용한 모든 내용을 국역하였다(신국판 上, 下 632쪽).

4. 『다산의 생애와 사상』

다산 사상을 그 학문적 특징에 따라서 현대적 감각에 맞도록 정치, 경제, 사회, 문화 등 각 방면의 사상으로 재해석한 책이다(신국판 260쪽).

5. 『다산학 입문』

다산의 시대 배경과 저술의 특징을 밝히고, 다산의 『사서오경(四書五經)』에 대한 해석이 그 이전의 학문, 특히 정주학(程朱學)과 어떻게 다른가 하는 것을 주제별로 서술하여 일표이서(一表: 經世遺表 / 二書: 牧民心書, 欽欽新書)의 정신으로 결실되기까지의 과정을 서술한 책이다(신국판 259쪽).

6. 『다산학 각론』

다산학의 구조와 경학적 특징, 그리고 그 철학 사상이 현대정신과 어떤 연관성이 있는가에 대해 상세하게 논한 저서이다(신국판 691쪽).

7. 『다산학 강의』

다산학의 세계를 목민론, 경학론, 인간론, 정경학(政經學), 『목민심서』 등으로 분류하여 다채롭게 조명하여 설명한 책이다(신국판 274쪽).

8. 『다산학 제요』

『대학(大學)』, 『중용(中庸)』, 『논어(論語)』, 『맹자(孟子)』의 사서(四書)는 물론 『주역』, 『시경』, 『악경』 등 모든 경서에 대한 다산의 이해를 그 특징에 따라 주제별로 해석하고 그에 대한 특징을 서술한 방대한 책이다(신국판 660쪽).

9. 『목민심서』

다산의 『목민심서』를 현대정신에 맞도록 해석하고, 그 가르침을 현대인들이 어떻게 수용하여야 할 것인가 하는 것을 재구성한 책이다(신국판 340쪽).

10. 『한국실학사상 연구』

조선조 실학의 특징을, 실학의 개념, 실학사상에 나타난 경학(經學)에 대한 이해, 조선조 실학사상의 발전에 따른 그 인물과 사상 등의 차례로 서술한 것이다.(신국판 392쪽)

11. 『한사상 총론』

단군 사상에 나타난 '한' 사상을 연구한 것이다. 단군사상으로부터 '한' 사상의 내용과 발전과정을 서술하고, 근대 민족종교의 특성에 나타난 '한'의 정신까지, 민족 사상을 근원적으로 밝힌 책이다(신국판 546쪽).

12. 『한국철학사 총설』

중국의 사상이 아닌 한국의 정신적 특징을 중심으로, 한국철학의 형성과 발전과정을 서술한 것이다. 이 책은 한국의 정신, 특히 조선조 실학사상에 나타난 자주정신을 중심으로 서술한 것으로서 이는 중국의 의식이 아닌 우리의 철학 사상의 특징을 밝혔다(신국판 611쪽).

13. 『개신유학 각론』

조선조 실학자들의 사상적 특징, 즉 윤휴, 박세당, 정약용, 김정희

등의 사상을 서술하고 실학자들의 저서에 대한 해제 등을 모은 책이
다(신국판 517쪽).

14. 『한글 중용·대학』

『중용』과 『대학』을 다산의 해석에 따라 국역한 것이며, 그 번역
또한 한글의 해석만으로서 깊은 내용까지 알 수 있도록 완역한 책이
다(신국판 148쪽).

15. 『한글 논어』

다산이 주석한 『논어고금주』의 내용을 중심으로 『논어』를 한글화한
책이며 해방 후 가장 잘된 번역서로 선정된바 있다(신국판 264쪽).

16. 『한글 맹자』

『맹자』를 다산의 『맹자요의』에 나타난 주석으로서 한글화하여 번
역한 책이다(신국판 357쪽).

17. 『논어고금주 연구』

『여유당전서』에 있는 『논어고금주』의 전체 내용을 모두 국역하고,
그 사상적 특징을 보충 설명한 것이다. 각 원문에 나오는 내용과 용
어들을 한(漢)나라로부터 모든 옛 주석에 따라 소개하고 다산 자신의
견해를 모두 국역하여, 『논어』에 대한 사상적 본질을 쉽게 알 수 있
도록 정리한 책이다(신국판 665쪽).

18. 『사상의학 원론』

동무(東武) 이제마(李濟馬, 1838~1900)가 쓴 『동의수세보원』의 원문과 번역, 그리고 그 사상에 대한 본의를 밝힌 것으로서 『동의수세보원』의 번역과 그 내용을 원론적으로 서술한 책이다(신국판 548쪽).

19. 『의학론』

저자가 경성약학전문학교를 졸업한 후 당시의 질병과 그 처방에 대한 자신의 견해를 밝힌 의학에 대한 서술이다(신국판 261쪽).

20. 『생명론』

저자가 만년에 우주에 대한 사색을 통하여 모든 생명의 근원이 하나의 유기체적 관계로서 형성되고 소멸된다는 사상을 밝힌 수상록이다(신국판 207쪽).

21. 『한국문화의 인식』

한국의 전통문화에 나타난 특징들을 각 주제에 따라서 선정하고 그것들이 지니는 의미를 서술하였으며 또한, 우리 문화를 서술한 문헌들에 대한 해제를 곁들인 책이다(신국판 435쪽).

22. 『한국전통문화와 호남』

호남에 나타난 여러 가지 특징들을 지리 풍속 의식과 저술들을 주제별로 논한 것이다(신국판 415쪽).

23. 『국역 간양록』

정유재란 때 왜군에게 포로로 잡혀갔다가 그들의 스승이 되어 일본의 근대 문화를 열게 한 강항(姜沆)의 저서 『간양록』을 번역한 것이다(신국판 217쪽).

24. 『다산학 소론과 비평』

다산의 사상을 논한 내용으로서, 논문이 아닌 조그마한 주제들로서 서술한 내용과 그 밖의 평론들을 모은 책이다(신국판 341쪽).

25. 『현암 수상록』

저자가 일생 동안 여러 일간지 및 잡지에 발표한 수상문을 가려 모은 것이다(신국판 427쪽).

26. 『인간 이을호』

저자에 대한 인품과 그 학문을 다른 사람들이 소개하여 여러 책에 실린 글들을 모은 책이다(신국판 354쪽).

27. 『현암 이을호 연구』

현암 이을호 탄생 100주년을 기념하는 논문집으로서 그 학문과 사상을 종합적으로 연구하고 그 업적이 앞으로 한국사상을 연구하는 기반을 닦았다는 것을 밝힌 책이다(신국판 579쪽).

현암 이을호 전서 19
의학론

초판인쇄 2015년 6월 19일
초판발행 2015년 6월 19일

지은이 이을호
펴낸이 채종준
펴낸곳 한국학술정보㈜
주소 경기도 파주시 회동길 230(문발동)
전화 031) 908-3181(대표)
팩스 031) 908-3189
홈페이지 http://ebook.kstudy.com
전자우편 출판사업부 publish@kstudy.com
등록 제일산-115호(2000. 6. 19)

ISBN 978-89-268-6903-1 94150
      978-89-268-6865-2 94150(전27권)